Kreisel & Co.

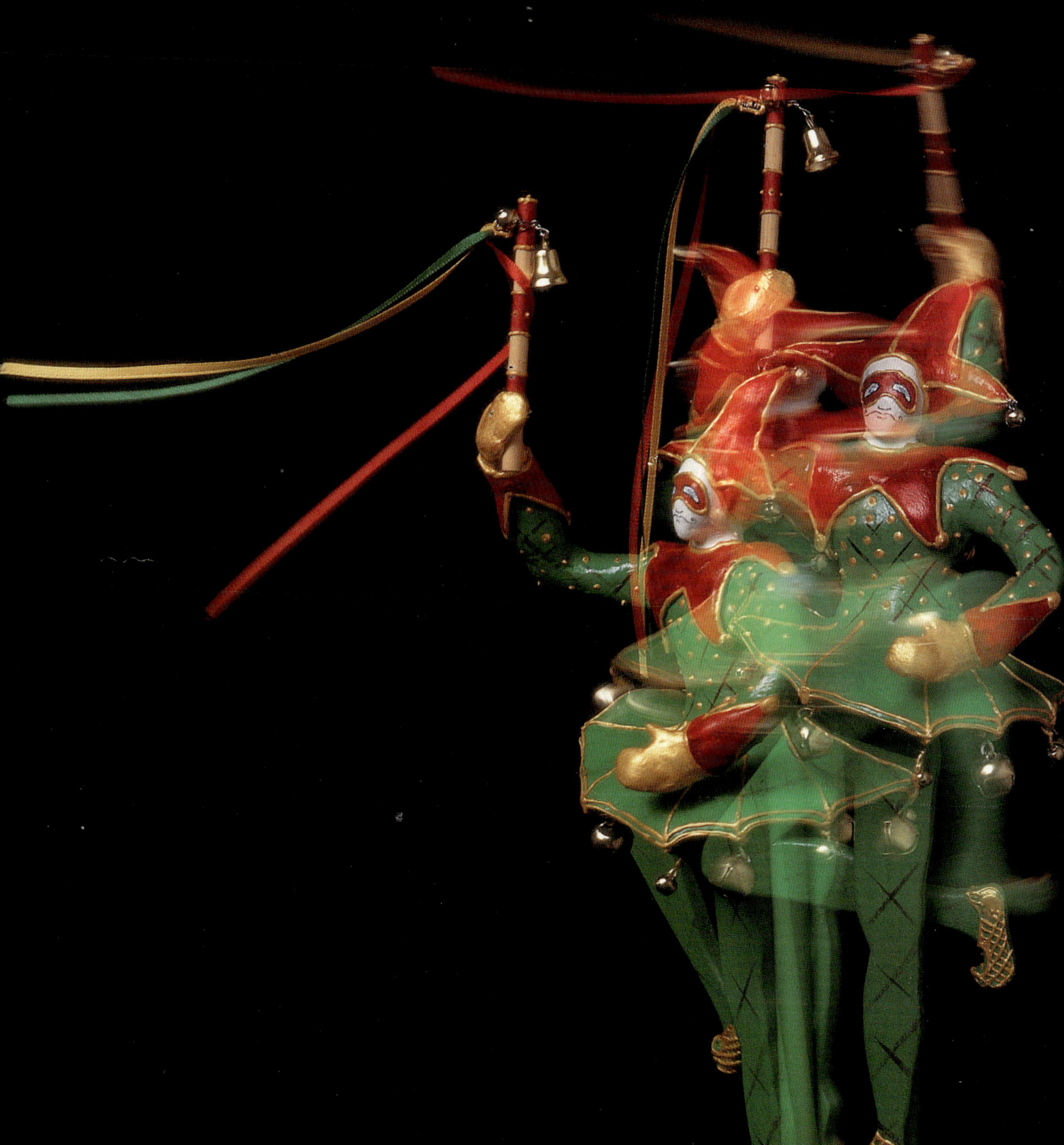

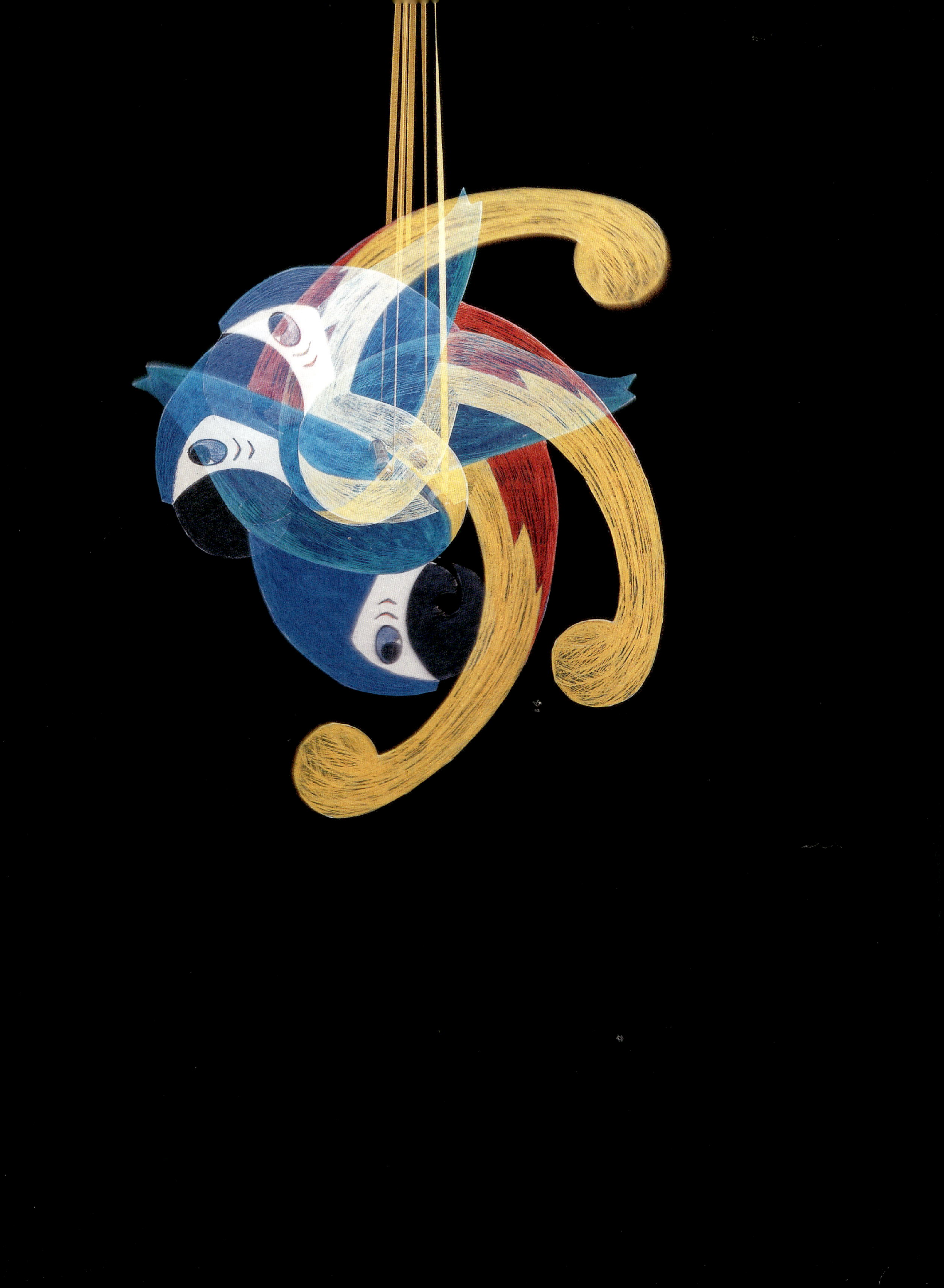

Kreisel & Co.

Spielen wie in alter Zeit

Pippa & Ian Howes

Originaltitel: *Make it move*
Zuerst veröffentlicht 1999 in Großbritannien von
Collins & Brown Limited, London

Deutsche Erstausgabe

Koordination und Bearbeitung der deutschen Ausgabe:
DER BUCH*MACHER* Arthur Lenner, München
Übersetzung: Suzanne Bürger, München
Design: James Culver
Fotografie: Pippa und Ian Howes
Spielzeuge: Pippa und Ian Howes
Umschlaggestaltung: Susanne Niemetz, Augsburg
Gesamtherstellung: Midas Printing LTD, Hong Kong
Printed in China
ISBN 3-8289-2322-4

Inhalt

Die Projekte

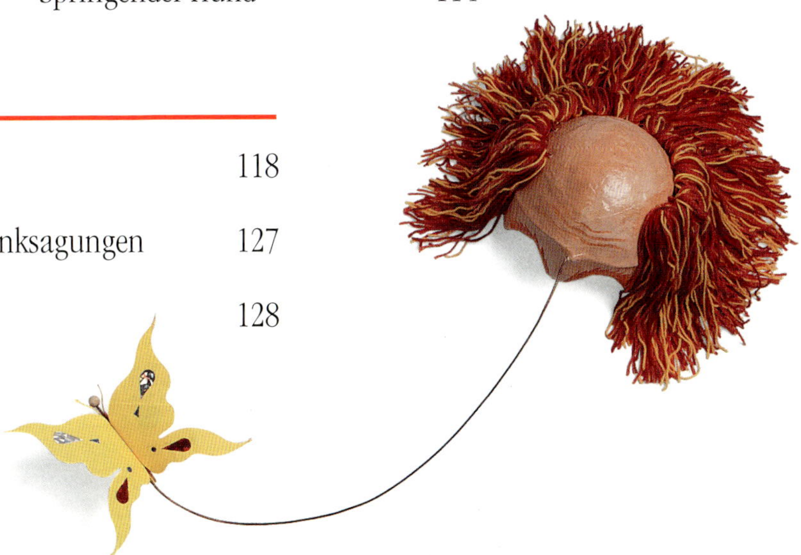

Einführung

Im Zeitalter der massengefertigten Plastik- und Elektronikspielwaren sind handgemachte Kinderspielzeuge eine Seltenheit geworden. Dabei macht es Spaß, Spielzeuge in eigener Handarbeit herzustellen – und was gibt es wohl Schöneres, als einem Kind dabei zuzusehen, wie es sich mit einem selbstgemachten Spielzeug vergnügt?

Hinter diesem Buch steckt die Idee, zu unterhalten und anderen eine Freude zu machen. Als Vater und Tochter verspürten wir den Wunsch, unsere Enkel bzw. Kinder mit ganz besonderen Spielzeugen zu verwöhnen (die zuweilen auch als kleine Bestechung dienen können!) und probierten mit allerlei Resten und Gegenständen herum, die wir in Haus und Werkstatt fanden. Wer erst einmal damit angefangen hat, wird immer wieder verblüfft feststellen, wie sich mit etwas Geschicklichkeit und ein paar haushaltsüblichen Werkzeugen aus scheinbar wertlosem Krimskrams originelle Spielsachen anfertigen lassen.

Die Projekte orientieren sich an traditionellen Spielzeugen, die einfache Bewegungen vollführen und sich bei Kindern jeden Alters bewährt haben. Die Palette reicht von Papierflugzeugen und Stabpüppchen, wie sie vielleicht jeder noch aus seiner Schulzeit kennt, bis hin zu anspruchsvolleren Figuren wie dem »Emsigen Specht« oder dem »Tanzenden Harlekin«. Spielzeuge wie das »Lustige Karussell« oder die »Bunten Windräder« sind ganz einfach und es wird Ihren Kindern riesigen Spaß machen, dabei mitzuhelfen. Projekte wie das »Traditionelle Karussell« und die »Trinkenden Kätzchen« erfordern mehr Zeit, Geduld und handwerkliches Können, werden dafür aber sicher jahrelang in Ehren gehalten.

Alle Projekte sind jeweils als leicht, mittelschwer oder anspruchsvoller eingestuft, so daß Sie gleich wissen, welches für Sie geeignet ist. Zu jedem Projekt gehören bebilderte Schritt-für-Schritt-Anweisungen, die Ihnen genau zeigen, wie's gemacht wird. Zu einigen Projekten liefern wir Ihnen am Ende des Buches Schablonen als Vorlagen zum Abpausen.

Egal, ob Sie ein absoluter Anfänger sind oder schon etwas Erfahrung im Anfertigen von Spielsachen haben – wir hoffen, daß Ihnen unsere Bastelprojekte Anregungen liefern und Sie Ihre handwerklichen Fähigkeiten dabei ausbauen. Probieren Sie's einfach aus und haben Sie keine Angst, daß Ihnen etwas mißlingen könnte! Übung macht ja bekanntlich den Meister.

Viel Spaß!

Materialien, Werkzeuge, Arbeitstechniken

Alle in diesem Buch gezeigten Spielzeuge lassen sich von jedem anfertigen, der über etwas Geduld und ein paar Standardwerkzeuge verfügt. Einige Projekte erfordern nur eine Schere, ein Stück Karton und ein paar Buntstifte; für andere benötigen Sie Sperrholz, Spanplatte oder Modelliermaterial. Sie bekommen diese Dinge in vielen Heimwerkermärkten oder im Modellbau-Fachhandel.

Hammer, Bohrmaschine, Säge und Cutter finden sich sicherlich in fast jedem Haushalt. Da Sie vielleicht nicht mit allen in diesem Buch verwendeten Materialien und Arbeitstechniken vertraut sind, zeigen wir Ihnen nachfolgend die wichtigsten Handwerkstechniken und Holzbearbeitungsmethoden, mit denen die Spielzeuge hergestellt werden.

VOLLHOLZ, SPERRHOLZ UND SPANPLATTEN

Holzwerkstoffe sind bestens für Spielzeuge geeignet – sie sind leicht, aber robust, lassen sich problemlos schneiden, bearbeiten und verzieren. Sie bekommen Holz in jedem Heimwerkermarkt, aber oft lohnt sich auch der Weg zu einem Holzlager, wo Sie manchmal kostenlose Reststücke ergattern können. Obwohl bei jedem unserer Projekte bestimmte Holzstärken angegeben sind, besteht immer etwas Spielraum – Ihre Holzplatte kann also ruhig auch etwas stärker oder dünner ausfallen. Dübelstäbe und Holzkugeln sind in fast jedem Haushaltswarengeschäft oder Heimwerkermarkt erhältlich. Der Durchmesser der dort angebotenen Holzstangen kann um eine Stufe nach oben oder unten variieren, aber auch hier gilt: Unsere Projekte bieten immer etwas Spielraum. Wichtig ist nur, daß der Durchmesser der Holzstange auf den des Bohrers abgestimmt ist, mit dem das Loch gebohrt wird, in das die Stange geschoben wird. Im Zweifelsfall kaufen Sie einen etwas stärkeren Dübelstab und schmirgeln ihn zurecht, bis er in das Loch hineinpaßt.

SICHERHEITSHINWEISE

Bei der Holzbearbeitung steht die Sicherheit an allererster Stelle. Der beim Bohren, Sägen oder Schmirgeln entstehende Holzstaub ist gesundheitsschädlich – tragen Sie deshalb stets einen Atemschutz und eine Schutzbrille. Arbeiten Sie nur in gut belüfteten Räumen und saugen Sie den Holzstaub nach getaner Arbeit immer gleich mit dem Staubsauger weg. Beim Hantieren mit Schneidwerkzeugen ist höchste Vorsicht geboten. Arbeiten Sie nur mit scharfen Cutterklingen und Sägeblättern, denn wenn diese stumpf sind, müssen Sie mehr Kraft aufwenden, was leicht zu Unfällen führt. Befolgen Sie die Sicherheitshinweise in den Bedienungsanweisungen der Elektrowerkzeuge und achten Sie darauf, daß die Kabel beim Arbeiten niemals in die Nähe von Sägeblättern und anderen scharfen Kanten gelangen.

SCHNEIDEN

Die folgenden Arbeitstechniken kommen bei unseren Projekten am häufigsten zum Einsatz. Größere Vollholz- oder Spanholzplatten beim Zuschneiden immer gut festklemmen. Die Finger dürfen nie in die Nähe des Sägeblatts kommen. Und lassen Sie Schneidwerkzeuge niemals herumliegen!

Schneiden einer Innenform mit der Stichsäge

Die Stichsäge eignet sich hervorragend für Kreis- und Kurvenschnitte. Zunächst wird hierzu an einer Stelle ein Loch gebohrt, durch welches das Sägeblatt hindurchpaßt. Da der Schneidvorgang bei der Aufwärtsbewegung erfolgt, muß die Fußplatte vor und während des Sägens fest gegen das Werkstück gedrückt werden. Den Motor vor dem Sägen erst volle Geschwindigkeit erreichen lassen und das Blatt nicht zu stark nach vorne drücken, da es sonst durch Sägemehl verstopft wird und heißläuft. Oft geht es leichter, wenn Sie die Säge stillhalten und nur das Werkstück bewegen. Wenn Sie mit der Stichsäge entlang einer geraden Linie schneiden, brauchen Sie eine Anschlagleiste als Führung.

Beim Sägen die Finger immer vom Blatt fernhalten.

Schneiden mit der Laubsäge

Diese Säge können Sie je nach Holzstärke mit den unterschiedlichsten Blättern bestücken. Für die Projekte in diesem Buch wurde durchgehend ein mittleres Sägeblatt mit 8 Zähnen pro Zentimeter verwendet. Spannen Sie das Blatt richtig herum ein – Laubsägen schneiden auf Zug. Klemmen Sie das Werkstück am Arbeitstisch fest, damit es beim Sägen nicht verrutschen kann.

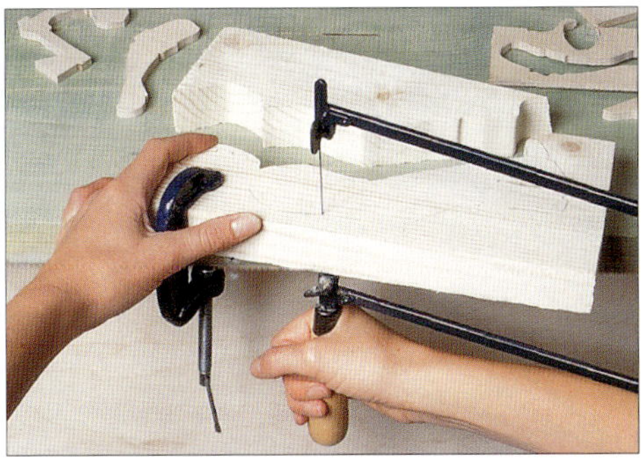

An der Markierungslinie entlang sägen. Das Werkstück hierzu mehrmals drehen und erneut festklemmen, damit der Schnitt immer in dieselbe Richtung erfolgen kann. Die überstehenden Stücke können Sie von Zeit zu Zeit einfach abschneiden.

Laubsägen bewegen sich immer entlang der Linie, die ihnen den geringsten Widerstand bietet – bei Weichholz also aufpassen, daß das Sägeblatt nicht der Maserung folgt. Immer nur das Werkstück bewegen, nicht die Säge.

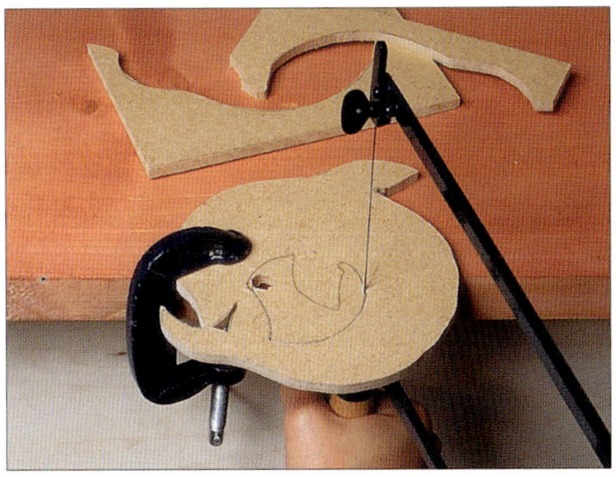

Um eine Innenform zu schneiden, den Sägedraht aus dem Bügel aushängen, durch ein vorgebohrtes Loch stecken und wieder einspannen. Dann an der Markierungslinie entlang schneiden.

SCHNEIDWERKZEUGE

Holzsägen gibt es in verwirrender Vielfalt. Für unsere Spielzeuge müssen sowohl gerade, als auch kurvige Schnitte in verschiedenen Materialien ausgeführt werden. Wir haben hierzu vier Arten von Sägen verwendet – eine Laubsäge, einen Fuchsschwanz, eine kleine Bügelsäge und eine elektrische Stichsäge. Auf letztere könnten Sie zur Not verzichten.

*Mit der **Laubsäge** lassen sich Kurven in Holz, Kunststoff und andere weiche Materialien schneiden. Sie gehört zu den wichtigsten Werkzeugen eines Spielzeugmachers.*

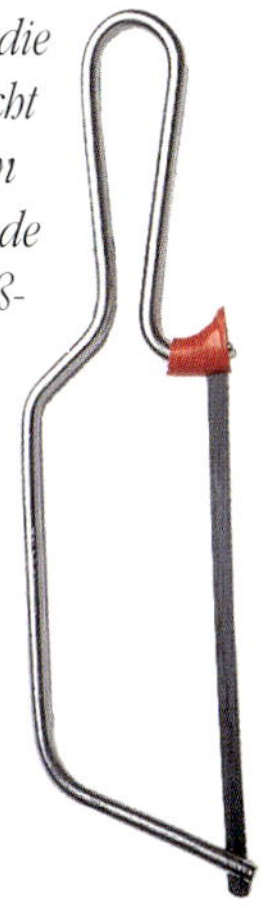

*Ebenso unentbehrlich ist auch die **kleine Bügelsäge**. Sie ist nicht teuer und bestens geeignet zum Abschneiden kleiner Gegenstände wie Dübel, Bolzen und Schweißstäben.*

*Mit dem **Fuchsschwanz** werden gerade Schnitte in Holz durchgeführt. Span- und Sperrholzplatten können ein teures Sägeblatt rasch ruinieren. Eine preiswerte Alternative ist eine Handsäge mit auswechselbarem Blatt.*

*Mit der **Elektro-Stichsäge** lassen sich enge Kurven, Kreise und gerade Linien schneiden. Sie eignet sich für vielerlei Materialien. Halten Sie sich bei der Auswahl des jeweils passenden, auswechselbaren Sägeblattes an die Richtlinien des Herstellers.*

Schneidearbeiten

Dünnes Sperrholz schneiden
Dieses Material läßt sich leicht mit einem scharfen Cutter zuschneiden. Halten Sie aber einige Ersatzklingen bereit, da die Spitzen leicht abbrechen. Führen Sie die Schneide immer an einer Metalleiste entlang und arbeiten Sie stets auf einer Schneidematte. Bei Schlitzen erst die langen Seiten ausschneiden und die Klinge dann fest in die Ecken drücken, um die schmalen Enden zu entfernen. Für Kurven verwendet man am besten eine scharfe Schere. Unregelmäßige Schrägkanten mit feinem Sandpapier glattschleifen.

1 *Beim Zusägen von Sperrholz stets scharfe Schneideklingen verwenden.*

2 *Kurven werden mit einer Schere ausgeschnitten, unregelmäßige Kanten mit Sandpapier geglättet.*

Identische Formen ausschneiden
Viele Projekte verlangen Teile mit genau gleicher Form, z. B. die Beine am Kletteraffen. Hierzu mit doppelseitigem Klebeband zwei Sperrholzteile zusammenkleben und mit der Laubsäge die Form aussägen. Anschließend werden die beiden Teile mit einem stumpfen Messer wieder getrennt. Eventuelle Klebstoffreste mit feinem Sandpapier wegschleifen.

1 *Zwei Holzstücke mit doppelseitigem Klebeband zusammenfügen.*

2 *Die Form mit der Laubsäge ausschneiden, beide Teile mit einem stumpfen Messer trennen.*

Plexiglas schneiden
Hier ist Vorsicht am Platz, weil die Kanten leicht splittern. Um das zu vermeiden, wird das Plexiglas mit doppelseitigem Klebeband zwischen zwei Spanplattenresten fixiert. Dann mit der Laubsäge durch alle drei Schichten sägen. Anschließend werden die Teile mit einem stumpfen Messer behutsam wieder getrennt. Dabei darauf achten, daß die Oberfläche nicht zerkratzt wird.

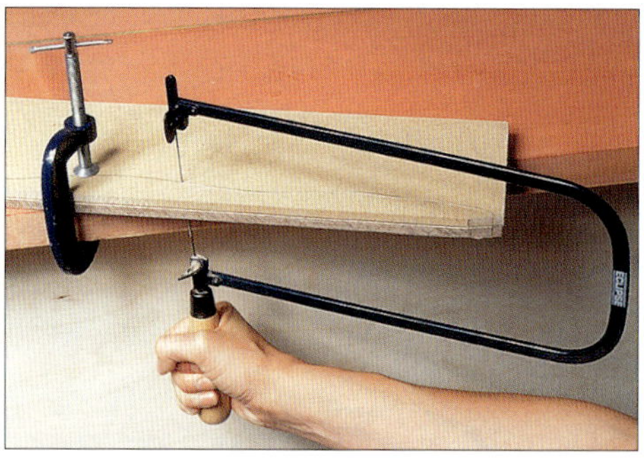

1 *Zwischen zwei Holzplatten ist das Plexiglas beim Sägen gut geschützt.*

2 *Aufpassen, daß das Plexiglas beim Trennen von den Holzstücken nicht zerkratzt wird.*

Holzdübel schneiden
Das Sägen von Holzdübeln ist etwas knifflig. Mit einer selbstgemachten »Dübel-Zwinge« kann man sich die Arbeit erleichtern. Hierzu werden zwei flache Holzleisten auf einer 20 cm langen Holzplatte (Reststück) so festgetackert, daß ein Dübelstab genau dazwischen paßt.

Mit einer Bügelsäge werden die Dübelstücke dann abgesägt. Am Zwingenende läßt sich kontrollieren, ob die Schnitte rechtwinklig sind. Dünnere Dübelstäbe müssen eventuell mit einem kurzen Dübelrest festgeklemmt werden.

Bohren

Das wichtigste beim Bohren ist, daß das Werkstück gut fixiert ist, damit das Bohrloch gerade wird. Bei größeren Werkstücken ist das relativ einfach, bei kleineren aber manchmal recht schwierig. Einfache selbstgebaute Zwingen schaffen hier Abhilfe.

Gerade bohren
Ohne Werkbank oder Bohrständer ist es manchmal nicht so einfach, ein gerades Loch zu bohren. Als Führungshilfe können zwei L-förmig zusammengeschraubte Holzblöcke dienen, wobei der Innenwinkel genau 90° betragen muß. In diesem Winkel wird der Bohrer angelegt und somit gerade ins Holz geführt.

Dübel bohren
Ohne Hilfsmittel rollen Dübel beim Bohren gerne weg. Legen Sie den Dübel in die gleiche Zwinge, die fürs Zuschneiden benutzt wird. Beim Bohren den Dübel fest in die Rille drücken. Dünne Dübel müssen eventuell mit einem Dübelrest in der Zwinge festgeklemmt werden.

Bohren und Dübeln in Spanplatten
Schrauben in Spanplatten lockern sich leicht, weil die feinen Holzpartikel keinen festen Halt geben. Um dies zu verhindern, sollte als Schraubverankerung zunächst ein Holzdübel eingeführt werden. Hierzu knapp unterhalb der Stelle, an der die Schraube in das Holz dringen soll, ein Loch bohren und einen Holzdübel darin einleimen. Ein dünnes Führungsloch anbohren und die Schraube einschrauben.

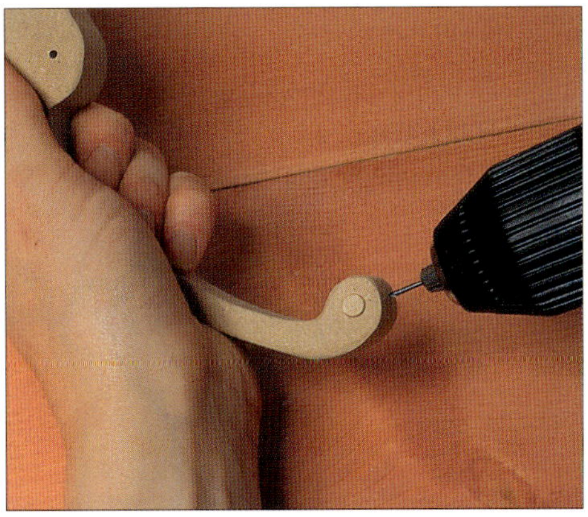

Holzkugeln anbohren
Ohne eine sichere Fixierung ist es fast unmöglich, eine Holzkugel anzubohren. Diese selbstgemachte Zwinge ist hierzu bestens geeignet. In einen Holzrest werden Löcher gebohrt, die etwas kleiner sind als die zu bohrende Kugel. Diese kann dann mit einer Zange festgehalten werden.

Dünne Werkstücke anbohren
Auch hier kommt es wieder auf eine sichere Fixierung an. Gute Dienste leistet dabei eine kleine Schraubzwinge, mit der sich unterschiedlich starke Werkstücke festhalten und problemlos bearbeiten lassen. Damit die Metallbacken das Werkstück nicht beschädigen, legt man zwischen Werkstück und Zwinge jeweils ein Stück Restholz.

BOHRGERÄTE

Mit einer elektrischen Bohrmaschine läßt sich am schnellsten und effektivsten arbeiten. Die auswechselbaren Bohrer ermöglichen unterschiedlichste Lochgrößen vom Dübelloch bis zur feinsten Führungsbohrung. Eine Alternative wäre eine Handbohrmaschine.

Elektrobohrmaschine *Ist als netzgebundene oder als akkubetriebene Ausführung erhältlich. Die meisten Geräte verfügen über eine stufenlose Geschwindigkeitsregelung. Da ihr Spannfutter auch die dünnsten Bohrer aufnimmt, sind sie zur Anfertigung von Spielzeugen bestens geeignet.*

Modellierarbeiten

Wenn Sie noch nie etwas modelliert haben, dann bietet sich jetzt die Chance, es auszuprobieren! Sie werden rasch feststellen, wie die Modelliermasse Gestalt annimmt. Kleine Figuren wie die »Trinkenden Kätzchen« entstehen z. B. durch Rollen und Zusammendrücken. Mit einem Holzschnitzwerkzeug lassen sich dann feinere Einzelheiten herausarbeiten. Sie können auch ähnlich geformte Gegenstände aus Holz oder Plastik, z. B. einen Lutscherstiel oder ein Cocktailstäbchen benutzen. Größere Figuren werden auf einem Drahtgeflecht geformt.

Modelliermasse auf Epoxid-Basis
Diese vielseitig verwendbare Modelliermasse gibt es in vielen Farben und Körnungsgraden. Sie haftet an praktisch jeder Oberfläche und läßt sich nach dem Aushärten bohren, schleifen, sägen, drechseln und bemalen. Beachten Sie bitte immer die Verarbeitungs- und Sicherheitshinweise des Herstellers.

Diese Modelliermasse (z. B. »Milliput Standard«) läßt sich wie Ton modellieren und kann mit den gleichen Werkzeugen strukturiert werden. Nach dem Trocknen kann sie zwar angebohrt werden, aber an dünneren Stellen stechen Sie besser mit einem dünnen Draht ein Loch, während das Material noch knetbar ist. Die Masse trocknet so fest an wie Zement – spülen Sie daher die Werkzeuge während der Arbeit öfters ab.

Mit den Fingern eine Grundform kneten und mit Modellierwerkzeugen die Details ausarbeiten.

Löcher an dünnen Stellen im noch feuchten Zustand mit einem Stück Draht bohren.

Ton (lufttrocknend)
In Verbindung mit einem Draht- oder Maschendrahtgeflecht, wie es Bildhauer verwenden, lassen sich mit lufttrocknenden Modelliermassen recht komplexe Gebilde herausarbeiten. Der Ton wird in kleinen Stücken nach und nach in das Drahtnetz gedrückt und die Figur auf diese Weise aufgebaut. Widerstehen Sie der Versuchung, größere Stücke aufzubringen und zurechtzukneten – so bekommt man nur schwer eine ausgewogene Form hin. Damit der Ton knetbar bleibt, benetzen Sie ihn ab und zu mit etwas Wasser. Bei einem Fehler kratzen Sie den Ton mit einem Modellierwerkzeug vorsichtig ab und tragen neue Tonstückchen auf.

Modellierwerkzeuge und -materialien finden Sie in jedem gutsortierten Laden für Künstler- und Modellbaubedarf. Aus Drahtgeflecht und Ton entsteht beispielsweise der bezaubernde »Tanzende Harlekin« (siehe S. 74–79).

Drahtgeflecht
Mit diesem Material läßt sich das Gerüst für die Grundform anfertigen. Das eigentliche Modell wird dann darauf mit Ton aufgebaut. Eine kleinere Figur sollten Sie nicht aus mehreren kleinen Teilen zusammenstückeln, sondern am besten ein Stück Drahtgeflecht ausschneiden und dieses entsprechend zurechtbiegen. Überlegen Sie, wie die Grundform aussehen muß und markieren Sie diese dann auf dem Drahtgeflecht. Mit der Schere ausschneiden. Anschließend wird das Drahtgeflecht vorsichtig und sorgfältig in die erforderliche Form gerollt und gefaltet.

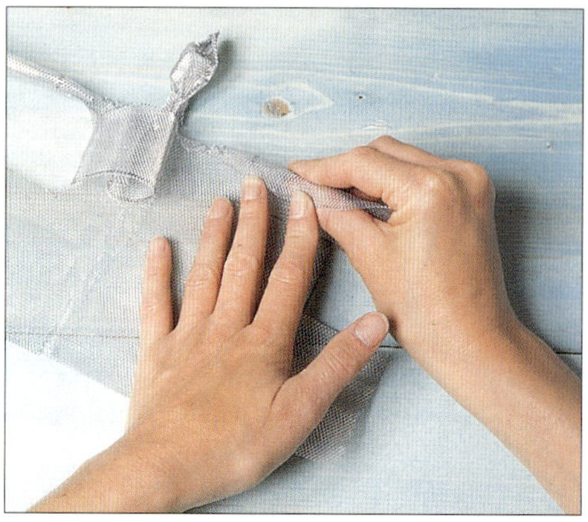

Papiermaché

Schnitzen

Auch beim Holzschnitzen sollten Sie Schritt für Schritt vorgehen und bei jedem Schnitt nur wenig Material abtragen. Die Klinge muß immer gut scharf sein – das ist sicherer und vermeidet Patzer. Zur Sicherheit immer vom Körper weg schneiden. In Vertiefungen können Sie jedoch manchmal nicht umhin, die Klinge umzudrehen. Verwenden Sie den Cutter dann wie einen Gemüseschäler, halten Sie den Daumen von der Klinge fern und unterhalb der Schnittlinie. Vermeiden Sie entlang der Maserung zu schneiden, weil die Klinge dann leicht zu tief eindringt.

Papiermaché ist ein billiges, aber sehr effektives Modelliermaterial. Es wird als Papierbrei oder – wie bei unseren Projekten – in Form von Papierstreifen verwendet, die schichtweise übereinander gelegt werden. Damit die Figur später möglichst fest und stabil ist, tränkt man diese Streifen in verdünntem Weißleim. Dadurch entsteht eine harte, laminierte Oberfläche von geringem Gewicht.

Damit das Papiermaché die erforderliche Festigkeit erlangt, müssen unbedingt mehrere Schichten Papierstreifen gleichmäßig übereinandergelegt werden. Wenn Sie pro Schicht jeweils eine andere Papierfarbe verwenden, sehen Sie immer sofort, wann sie komplett ist und die nächste aufgebracht werden kann. Zerreißen Sie das Papier stets in Faserrichtung, dann erhalten Sie gleichmäßige Streifen mit geraden Kanten.

Eine Variante dieser Technik besteht darin, eine Kartonfigur mit Papierstreifen zu bedecken. Zur Versteifung können zwei oder mehr Kartonstücke mit doppelseitigem Klebeband zusammengefügt und die Kanten mit Abdeckband umklebt werden.

1 Reißen Sie das Papier immer in Faserrichtung, wenn Sie Papiermaché-Streifen herstellen.

2 Verwenden Sie für jede Lage andersfarbiges Papier, um eine gleichmäßige Schichtdicke zu erzielen.

3 Versiegeln Sie die fertig beklebte Oberfläche mit einer Schicht Dispersionsfarbe; so erhalten Sie einen guten Untergrund zum Bemalen.

Farbige Gestaltung

Nach der Arbeit kommt das Vergnügen: Wenn Sie Ihr Spielzeug erst einmal fertig gebaut haben, geht es ans Bemalen! Bei der Farbgebung können Sie sich an die Illustrationen halten oder aber Ihre eigenen Farbideen verwirklichen. Zeichnen Sie das Muster erst leicht mit Bleistift vor und tragen Sie die Farbe erst auf, wenn Sie mit der Aufteilung zufrieden sind. Und keine Angst vor Fehlern! Sollte wirklich etwas schiefgehen, können Sie Patzer mit Farbe oder einem Papierstreifen überdecken und noch einmal von vorn anfangen.

Wachsmalstifte und Buntstifte
Mit Wachsmalstiften und Buntstiften können Sie sehr gut Papier und Karton bemalen. Es gibt sie in allen nur erdenklichen Farbtönen, aber die meisten von uns beschränken sich auf wenige kräftige Grundfarben. Reizvolle Effekte lassen sich erzielen, wenn Sie eine Fläche zuerst mit Buntstift bemalen, diese mit einem Wachsmalstift in einer dazu kontrastierenden Farbe überdecken und zum Schluß mit einem harten Bleistift, einer Nagelfeile oder mit der Spitze der Cutterklinge Muster in die Deckschicht schaben.

1 *Die Farbflächen erst mit Buntstiften ausmalen, dann mit Wachsmalstiften übermalen.*

2 *Mit einem spitzen Gegenstand Muster in die Wachsschicht kratzen.*

Malfarben und Pinsel
Mit Farben werden Objekte aus Papiermaché, Ton, Epoxid-Modelliermasse, Sperrholz oder Spanplatte verziert. Für unsere Projekte haben wir ausschließlich wasserlösliche Malfarben verwendet, weil sie einfacher und sauberer zu handhaben sind als Ölfarben. Sie können wahlweise mit Acryl- oder Plakafarben arbeiten. Vor dem Bemalen mit einer Schicht weißer Dispersionsfarbe vorstreichen – das ergibt einen farblich gleichmäßigen Untergrund, auf dem die Deckfarben besser haften. Manche Farben müssen zweimal aufgetragen werden, damit sie zufriedenstellend decken. Zum Schluß können Sie das Spielzeug mit Klarlack versiegeln und dadurch seine Haltbarkeit erhöhen.

Da keines der Spielzeuge besonders groß ist, benötigen Sie nur kleine Pinsel. Ein kleiner Malerpinsel eignet sich zum Auftragen der Grundierung und zum Bemalen größerer Deckflächen, während die Feinheiten mit Künstlerpinseln ausgeführt werden. Waschen Sie die Pinsel bei jedem Farbwechsel und nach getaner Arbeit stets sorgfältig aus.

Einfarbige Flächen
Markieren Sie die Konturen zunächst mit einer feinen Bleistiftlinie und tragen Sie dann die Farbe in gleichmäßigen Pinselstrichen auf. Aufpassen, daß die Farbe dabei nicht tropft oder kleckst! Ist ein zweiter Anstrich erforderlich, muß der erste vor dem Auftragen vollständig getrocknet sein.

Licht- und Schatteneffekte
Hellere und dunklere Bereiche verleihen einer Figur eine gewisse Dreidimensionalität. Lichteffekte erzielen Sie, wenn Sie dort, wo das Licht auftreffen würde, Weiß oder eine andere helle Farbe verwenden. Schattenbereiche werden mit entsprechend dunkleren Farben angedeutet.

Farblasur
Verdünnt man wasserlösliche Farbe mit Wasser, erhält man einen leicht transparenten Anstrich, der sich besonders gut für einfache Schnitzfiguren eignet, die dadurch mehr Struktur erhalten. Tragen Sie die Lasurfarbe auf und tropfen Sie dann, während diese Schicht noch feucht ist, an den Stellen, die dunkler erscheinen sollen, etwas dickflüssigere Farbe auf. Wo Lichteffekte gewünscht sind, nehmen Sie mit einem sauberen Lappen oder einem Pinsel einfach etwas Farbe weg.

Abkleben
Mit Hilfe von Abdeckband können Sie Formen mit scharfen Rändern bzw. einfache Muster erzielen. Hierzu wird die Fläche, die frei bleiben soll, abgeklebt und anschließend farbig übermalt. Nach dem Trocknen wird das Klebeband vorsichtig abgezogen. Eventuell unter das Klebeband gesickerte Farbe retuschieren.

Strukturgel und -paste
Körniges Strukturgel ist eine dicke, weißliche Paste, mit der man in Acrylfarben interessante Strukturen erzeugen kann. Sie wird mit einem Schablonenpinsel, einem Palettenmesser oder einem Malerpinsel aufgetragen – je nachdem, welchen Effekt Sie wünschen. Eine ähnliche Wirkung läßt sich mit einer Mischung aus Sand und Weißleim erzielen.

Konturenstift
Diese Stifte werden hauptsächlich von Glasmalern zum Markieren von Umrissen verwendet. Im Künstlerbedarf gibt es sie in den Farben Gold, Silber und Schwarz. Die Tuben verfügen über eine Düse und werden wie Stifte gehalten. Beim Auftragen leicht zusammendrücken, so daß die Farbe austritt. Sie hinterläßt eine erhabene Farbspur, die auf den meisten Oberflächen gut haftet.

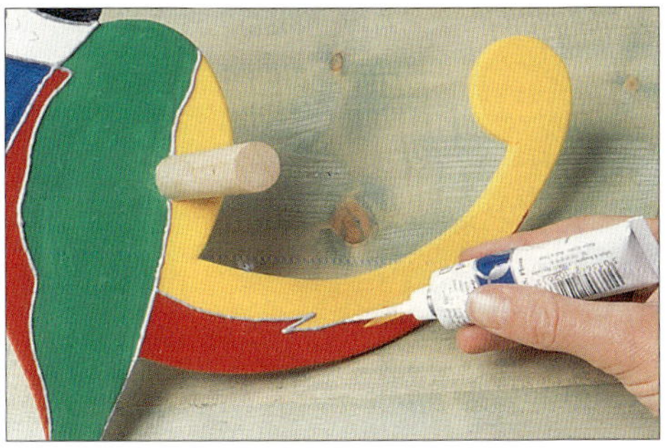

Applikationen
In fast jedem Schreibwarenladen und Bastelgeschäft sind vorgestanzte Papierformen zum Aufkleben erhältlich, die sich gut zum Verzieren eignen. Da einige unserer Spielzeuge ziemlich schnelle Drehbewegungen vollführen, sollte man diese Verzierungen gut festkleben und mit Klarlack überpinseln.

Collage
Eine Collage ist ein Bild, das aus aufgeklebten Stücken aus Papier, Stoff oder anderen Materialien zusammengestellt wird. Stoff- und Papierausschnitte werden mit Weißleim aufgeklebt, da dieser transparent antrocknet. Zum Schutz der Oberfläche wird nach dem Trocknen eine Schicht Klarlack aufgetragen.

Schablonen

Am Ende des Buches finden Sie für einige Projekte Vorlagen, aus denen Sie Schablonen herstellen können. Legen Sie hierzu einen Bogen Pauspapier über die Vorlage und ziehen Sie die Umrißlinien mit Bleistift nach. Dann drehen Sie den Bogen um und ziehen die Linien nochmals nach. Anschließend den Bogen erneut umdrehen und auf einen dünnen Karton legen. Die Umrisse mit dem Bleistift nachziehen, so daß sie auf den Karton übertragen werden. Markieren Sie auch eventuelle Bohrlöcher! Sorgfältig ausschneiden. Diese Schablone pressen Sie nun fest auf das Werkstück und ziehen die Konturen mit einem spitzen Bleistift nach. Entlang dieser Umrißlinie ausschneiden.

Die Umrisse aus dem Buch werden zunächst auf ein Stück Karton übertragen. Die Form ausschneiden – und fertig ist die Schablone! Diese nun fest auf das zuzuschneidende Material drücken und entlang der Außenkanten mit einem Bleistift nachzeichnen.

Schwirrknöpfe

AUS KARTON UND BINDFADEN

LEICHT

Diese lustigen Spielzeuge kann man zum Summen bringen! Auf die Schnelle genügt ein schlichter Knopf an einer Fadenschlinge, aber Ihrem Einfallsreichtum und Geschick sind natürlich keine Grenzen gesetzt. Unten zeigen wir Ihnen, wie aus bunten Bändern und Perlen ein »Feuerrad« entsteht. Auf der linken Seite finden Sie weitere Anregungen.

WAS SIE BRAUCHEN

- **1 Quadrat aus dickem Karton, 9 cm Seitenlänge**
- **1 großen Knopf**
- **1,5 m schmales Geschenkband**
- **Farbige Perlen**
- **Bindfaden oder Kordel, 1m**
- **Bleistift**
- **Filzstifte**
- **Feines Sandpapier**
- **Doppelseitiges Klebeband**
- **Weißleim**
- **Zirkel**
- **Schere**
- **Ahle**

1 Mit dem Zirkel einen Kreis von 8 cm Durchmesser auf das Kartonquadrat zeichnen und diesen ausschneiden. Anschließend mit dem Sandpapier leicht die Außenkanten glätten.

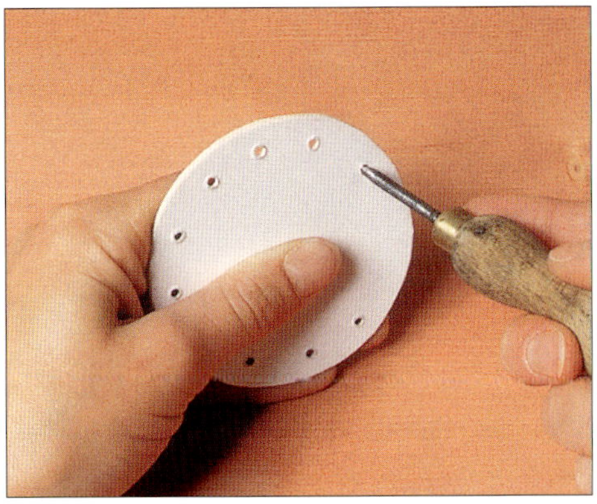

2 Den Kreis nun in 12 Segmente unterteilen. Hierzu die Spitze und die Mine des wie in Schritt 1 eingestellten Zirkels auf den Kreisumfang setzen und den Punkt markieren. Auf diesem Punkt dann die Spitze aufsetzen und den nächsten Punkt markieren, usw. Dann den Zirkel genau zwischen zwei Markierungspunkte setzen und den Vorgang wiederholen. Durch jeden der 12 Markierungspunkte jeweils 8 mm vom Außenrand mit der Ahle ein Loch stechen.

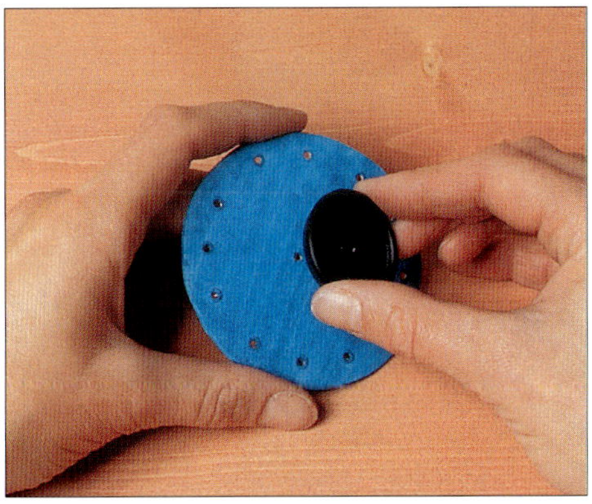

3 Eventuelle Unebenheiten mit Sandpapier leicht glätten. Anschließend die Kartonscheibe mit Filzstift auf beiden Seiten bunt anmalen. Den Knopf mit doppelseitigem Klebeband in der Mitte festkleben. Mit der Ahle zwei der Knopflöcher durchstechen.

4 Von dem Band zwölf etwa 10 cm lange Stücke abschneiden und auf diese jeweils bunte Perlen auffädeln. Ein Ende von jedem Band durch ein Loch in der Kartonscheibe hindurchziehen und dann mit dem anderen Ende verknoten. Die Bandenden mit einem kleinen Tupfer Weißleim versiegeln. Den Leim trocknen lassen.

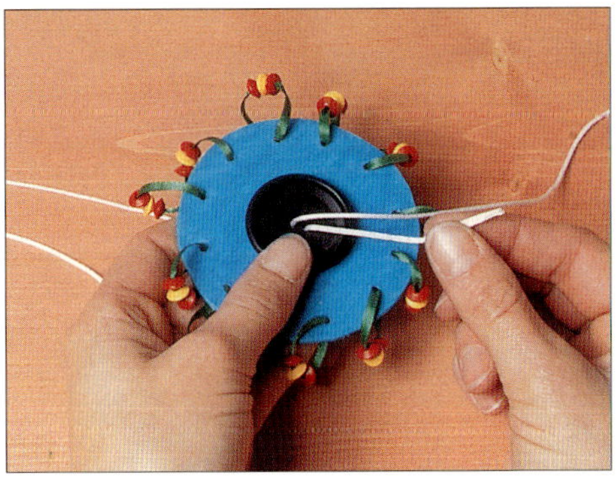

5 Die beiden Bindfadenenden durch die Knopflöcher fädeln und verknoten. Fertig! Halten Sie die beiden Fadenschlingen fest, eine in jeder Hand, und schwingen Sie die Knopfscheibe daran so lange, bis sich die Fäden verdrillt haben. Ziehen Sie nun die Schlingen behutsam auseinander, um die Spannung zu verringern; dabei bewegt sich die Scheibe weiter.

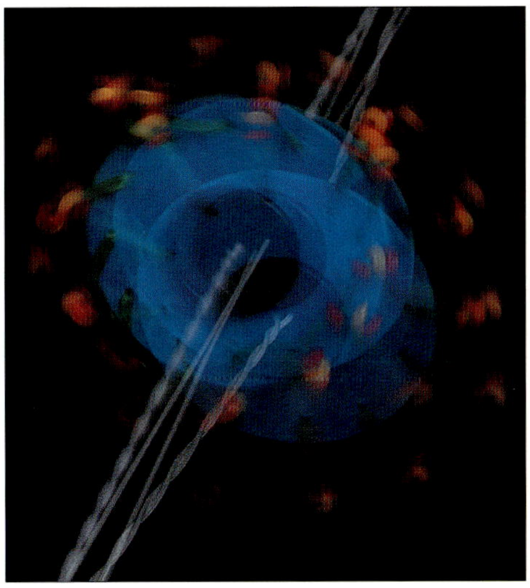

Lustiges Karussell

AUS KARTON UND PAPIERMACHÉ

Leicht

Für dieses farbenfrohe Karussell wurden preiswerte Weihnachtsbaumanhänger verwendet. Das Karussell selbst läßt sich aus ein paar einfachen Materialien ganz leicht nachbauen. Sie können die Tiere nach der Anleitung »Traditionelles Karussell« auch selbst anfertigen.

WAS SIE BRAUCHEN

- **2 Kartonquadrate, 25 cm Seitenlänge**
- **1 großen Knopf**
- **Dünnen Nylonfaden, 1 m**
- **Pappteller – Durchmesser etwa 24 cm**
- **Zeitungsseiten, zwei verschiedene Farben**
- **Papprröhre, 15 cm lang**
- **Weißleim**
- **Weihnachtsbaumanhänger**
- **Farbige Bänder**
- **Abdeckband**
- **Doppelseitiges Klebeband**
- **Weiße Dispersionsfarbe**
- **Wasserlösliche Malfarben**
- **Konturenstifte in Gold und Silber**
- **Acryllack, klar**
- **Zirkel, Bleistift**
- **Scharfe Schere**
- **Hefter**
- **Ahle**
- **Dünnen Draht**
- **Kleinen Malerpinsel**
- **Künstlerpinsel**
- **Feines Sandpapier**

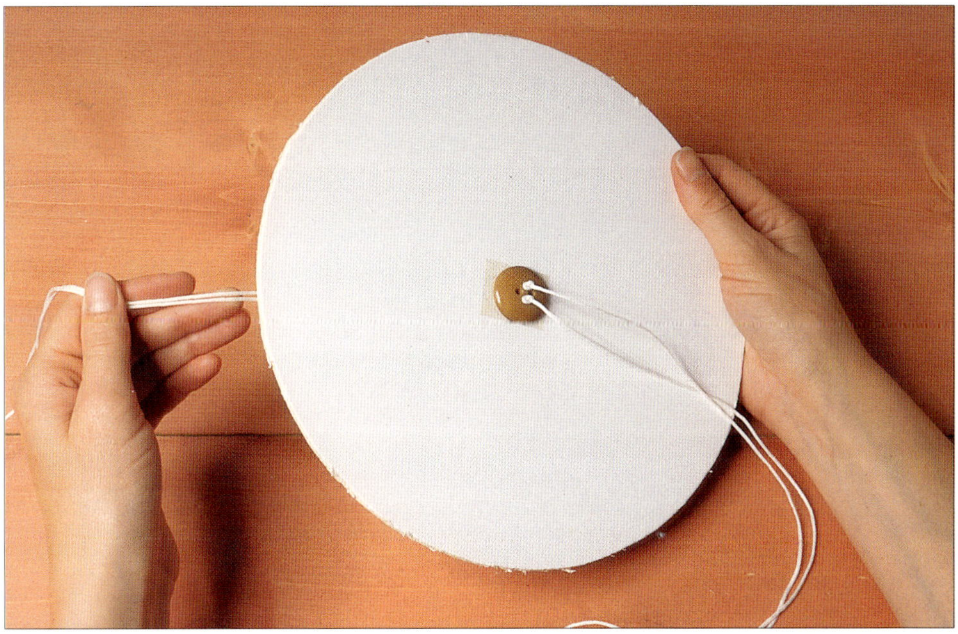

1 Kartonquadrate mit dem doppelseitigen Klebeband zusammenkleben. Auf einer Seite einen Kreis mit 24 cm Durchmesser zeichnen und diesen ausschneiden. Den großen Knopf mit doppelseitigem Klebeband in die Kreismitte kleben. Mit der Ahle zwei der Knopflöcher durchstoßen. Den Nylonfaden in drei gleich lange Stücke unterteilen und diese mit zwei Knoten markieren. Die beiden Fadenenden durch die Knopflöcher und die Kartonscheibe hindurchführen.

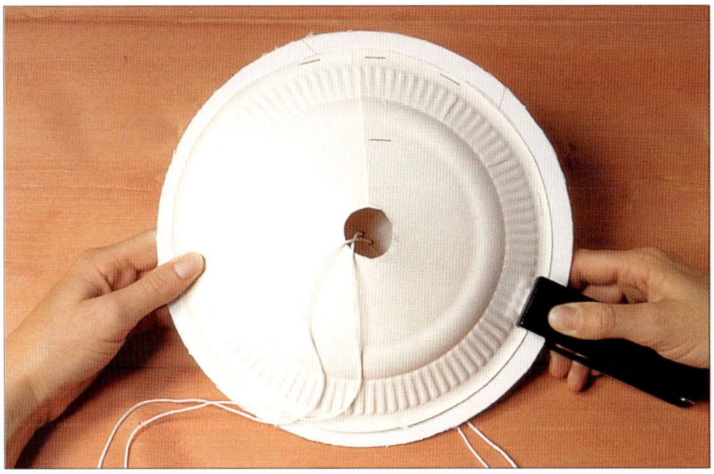

2 Mit dem Zirkel die Mitte des Papptellers ermitteln, einen kleinen Kreis zeichnen und diesen ausschneiden. Von der Außenkante einen geraden Schnitt zur Mitte führen, den Pappteller umdrehen und die Schnittkanten so übereinanderlegen, daß ein Kegel entsteht. Dann die Kanten zusammenheften. Jetzt die Fadenenden durch das Loch des Kegels führen und diesen an der Kartonscheibe festheften. Die überlappenden Kanten mit Klebeband abdecken. Die Fadenenden zu einer Schlaufe binden.

3 Die Papprröhre mit Abdeckband an der flachen Unterseite des Kegeldaches festkleben, so daß der Knopf überdeckt wird. Dabei darauf achten, daß die Papprröhre genau senkrecht auf der Kartonscheibe steht.

4 Die Zeitung in etwa 2,5 × 10 cm lange Streifen zerreißen. Diese in Weißleim (zur Hälfte mit Wasser verdünnt) tauchen und das Kegeldach nach und nach damit bedecken. Diese erste Schicht mit dem Pinsel vorsichtig andrücken. Die Streifen müssen sich überlappen und auch die Außenkanten bedecken.

5 Das Karussell umdrehen und die flache Unterseite sowie die Pappröhre ebenfalls mit leimgetränkten Zeitungsstreifen bedecken. Danach zur Verstärkung eine zweite Schicht aufbringen. Diesmal die Streifen im rechten Winkel zu den ersten anordnen. Zur besseren Unterscheidung sollte jede Schicht eine andere Farbe haben. Trocknen lassen.

6 Wenn die Papiermaché-Schichten ganz trocken sind, wird der Faden nach innen geschoben und als Grundanstrich weiße Dispersionsfarbe aufgetragen. Trocknen lassen und eventuelle Unebenheiten anschließend mit Sandpapier glätten.

7 Mit Bleistift ein dekoratives Muster vorzeichnen und mit dem Künstlerpinsel in kräftigen, satten Farben ausmalen. Muster und Farben sollten frisch und unkompliziert sein. Vor dem Aufbringen weiterer Farbschichten gut trocknen lassen, damit die Farben nicht ineinanderlaufen.

8 Unregelmäßige Kanten des aufgemalten Musters mit einem Konturenstift abdecken. Den Rand des Karusselldaches ringsherum mit Schlangenlinien und Punkten verzieren. Die Säule in der Mitte ebenfalls bemalen. Danach das Karussell zum Trocknen aufhängen. Ganz zum Schluß mit Klarlack streichen.

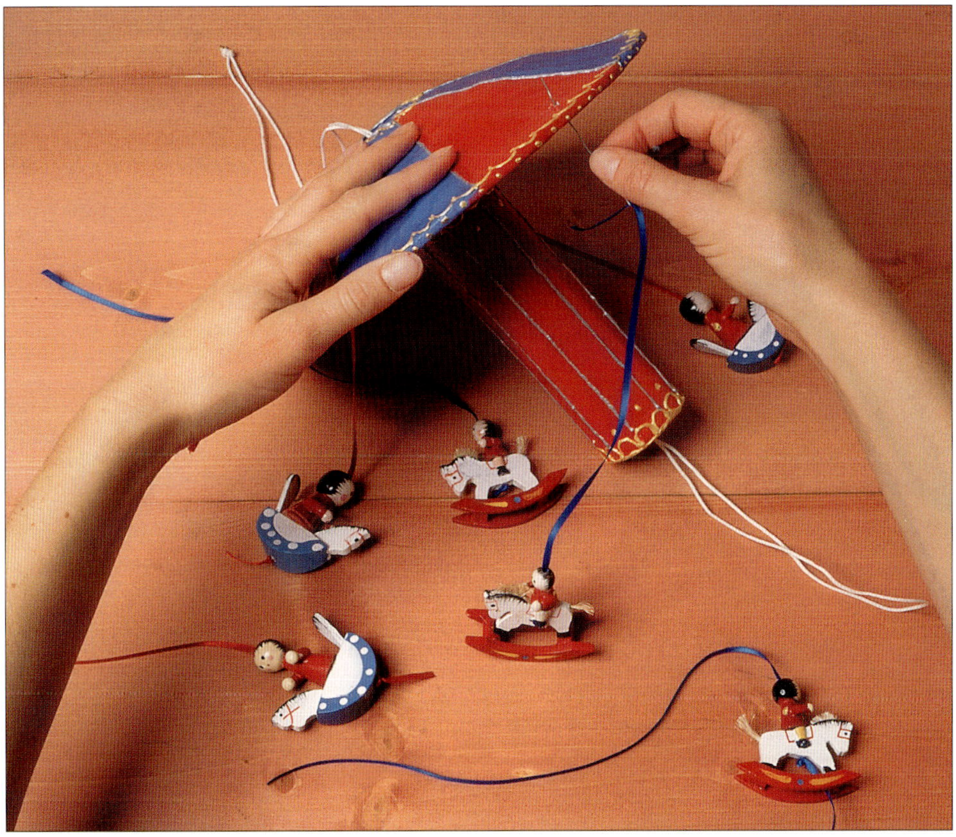

9 Zum Aufhängen der Tiere mit der Ahle Löcher durch das Kegeldach stoßen. Die Enden der Bänder mit dünnem Draht umwickeln und durch die Löcher fädeln. Kontrollieren, ob die Tiere so verteilt sind, daß das Karussell im Gleichgewicht ist. Zum Schluß die Knoten mit einem Tropfen Klebstoff versiegeln.

TRADITIONELLES KARUSSELL

AUS SPERRHOLZ UND SPANPLATTE

ANSPRUCHSVOLLER

Die anmutigen Bewegungen der Karussellfiguren ergeben sich aus dem Maibaum-Prinzip: Wenn Sie sich die Kuppel wegdenken und die Pferdchen durch Kinder ersetzen, erkennen Sie sofort, was damit gemeint ist. Um eine möglichst gleichmäßige Drehbewegung zu erzielen, müssen die Gewichte sehr ausgewogen verteilt sein. Dieses Karussell erfordert zwar etwas mehr Geschick und Geduld als die Variante auf S. 18, ist aber eigentlich nicht allzu schwierig.

WAS SIE BRAUCHEN

- **1 Spanplattenquadrat, 19 mm, Seitenlänge 18 cm**
- **1 Dübelstab, 16 mm Durchmesser, Länge 26 cm**
- **1 Spanplattenquadrat, 6 mm, Seitenlänge 26 cm**
- **1 Spanplattenquadrat, 12 mm, Seitenlänge 26 cm**
- **1 Spanplatte, 12 mm, 16 × 32 cm**
- **1 Dübelstab, 6 mm Durchmesser, Länge 120 cm**
- **1 Sperrholzplatte, 1,5 mm, 80 × 10 cm**
- **6 Holzkugeln, 19 mm Durchmesser**
- **1 kleiner Holzknopf**
- **8 kleine Ösenschrauben aus Metall**
- **Dünnen Karton**
- **Pauspapier**
- **Farbige Bänder**
- **Tapezierstifte**
- **Dispersionsfarbe**
- **Acrylfarbe**
- **Konturenstift in Gold**
- **Acrylfarbe, seidenmatt**
- **Stichsäge**
- **Laubsäge**
- **Bohrgerät**
- **Bohrer: entsprechend den Dübelstäben, sowie 19 mm und ganz dünn**
- **Schraubzwinge**
- **Sandpapier**
- **Doppelseitiges Klebeband**
- **Weißleim**
- **Zirkel**
- **Bleistift**
- **Zeichendreieck, Lineal**
- **Flügelklammer**
- **Schmalen Malerpinsel**
- **Künstlerpinsel**
- **Schutzbrille und Atemschutz**

1 Die Mitte der 19 mm starken Spanplatte ermitteln: zwei Diagonalen von Ecke zu Ecke zeichnen und deren Schnittpunkt markieren. Dort die Zirkelspitze ansetzen, einen Kreis mit 15 cm Durchmesser ziehen. Diesen mit der Laubsäge ausschneiden. Mit dem 16 mm-Bohrer in der Kreismitte ein Loch bohren und den 16 mm starken Dübelstab einkleben. Verwenden Sie dabei einen Bohrständer oder eine selbstgefertigte Spannvorrichtung, um sicherzustellen, daß die Stange genau lotrecht steht. Das ist wichtig, damit sich das Karussell später gleichmäßig dreht.

2 Auf die gleiche Weise den Mittelpunkt des 6 mm starken Spanplattenquadrats ermitteln und einen Kreis von 23 cm Durchmesser ziehen. Bei gleicher Einstellung den Zirkel auf der Kreislinie aufsetzen und den Kreis in sechs gleich große Segmente unterteilen, die durch leicht gekrümmte Zirkellinien markiert werden. Dann die Zirkelweite um 16 mm verringern und die 6 Schnittpunkte markieren. Hier werden gleich die Löcher für die Stützstäbe gebohrt.

3 Mit doppelseitigem Klebeband diese Platte und die gleichgroße 12 mm starke Spanplatte zusammenfügen. Ein feines Loch durch den Mittelpunkt des Holzquadrates bohren, um es an der Unterseite zu markieren. Mit dem 6 mm-Bohrer genau lotrecht die 6 Löcher für die Stützstäbe bohren. Anschließend Schutzbrille und Atemschutz anlegen und den Kreis mit der Stichsäge ausschneiden.

4 Die Kanten ringsum mit Sandpapier glätten und Unebenheiten entfernen. An den Kanten beider Holzteile die Positionen der Bohrlöcher unterschiedlich markieren, denn sie müssen später wieder genau übereinanderliegen. Dann werden die beiden Holzscheiben getrennt.

5 Die Zirkelweite auf 9 cm einstellen und auf der 6 mm starken Holzscheibe einen Innenkreis zeichnen. Ein Startloch bohren, durch welches das Stichsägeblatt hindurchpaßt und dann den Innenkreis heraussägen. Schutzbrille und Atemschutz nicht vergessen.

6 Ermitteln der vier Aufhängepunkte: Teilen Sie die 12 mm starke Holzscheibe mit Hilfe von Lineal und Zeichendreieck in 4 gleich große Segmente ein. Die Zirkelweite auf 5 cm einstellen, die Spitze in der Mitte ansetzen und die Schnittpunkte mit den Linien markieren. Dort die Führungslöcher für die Ösenschrauben anbohren. In der Mitte ein 19 mm großes Loch für den Mast bohren.

7 Anhand der Pausvorlage auf S. 118 eine Schablone für die Pferdefiguren anfertigen. Mit dieser Schablone sechs Pferdefiguren auf die rechteckige, 12 mm starke Spanplatte zeichnen.

8 Schutzbrille und Atemschutz anlegen und die Pferde mit der Laubsäge ausschneiden. Wenn Sie die Holzplatte dabei am Werktisch festklemmen, können Sie präziser arbeiten.

9 Die Pferdefiguren mit dem 6 mm-Bohrer von oben durchbohren. Zur besseren Fixierung klemmen Sie hierzu 2 oder 3 Pferde zusammen. Von dem 6 mm starken Dübelstab sechs Stücke à 20 cm Länge abschneiden. Die Stäbe durch die Pferde schieben, wobei sie bei 3 Pferden unter dem Bauch 6 cm herausragen müssen, bei den anderen 10 cm. Festkleben und trocknen lassen.

10 Die Holzkugeln mit einem 6 mm-Bohrer zur Hälfte anbohren. Verwenden Sie hierzu eine Holzleiste mit Bohrlöchern, in welche die Kugeln eingebettet werden können. Während des Anbohrens werden die Kugeln mit einer Zange festgehalten.

11 Nun wird das Karusselldach angefertigt. Den 6 mm starken Holzkreis einmal auf der Sperrholzplatte entlangrollen, um den Umfang des Daches zu ermitteln. Anhand der Pausvorlage auf S. 118 die Dachschablone anfertigen. Die Form auf die Spanplatte übertragen und mit der Laubsäge aussägen – zur Sicherheit mit 19 mm Längenzugabe. Die Kanten mit feinem Sandpapier glätten.

12 Entlang der Mitte des gewellten Dachstreifens eine Linie ziehen. Ein »Wellental« des Streifens an einem der Bohrlöcher des Kreises ausrichten und mit einem Tapeziernagel am Kreis befestigen. Den Dachstreifen weiter abrollen und fixieren. Das überstehende Endstück abschneiden, alle Verbindungsstellen mit Klebstoff versiegeln und trocknen lassen. Die Endstücke mit einer Flügelklammer zusammenhalten.

13 Die Pferde mit einer Schicht weißer Dispersionsfarbe bemalen. Dann die weiße Farbe mit etwas smaragdgrüner Acrylfarbe vermischen und damit die übrigen Karussellteile anstreichen. Darauf achten, daß die Markierungen der Bohrlöcher auf den beiden Holzscheiben leicht sichtbar bleiben.

14 Mit dem goldenen Konturenstift Mähne, Schwanz, Sattel und Zaum andeuten. Die Stangen langsam drehen und dabei mit dem goldenen Konturenstift verzieren. Sollte das Gold unregelmäßig fließen, muß die Düse gereinigt werden. Die Farbe gut trocknen lassen.

15 Sattel und Zaum mit Acrylfarbe verzieren – dabei für jedes Pferd eine andere Farbe wählen.

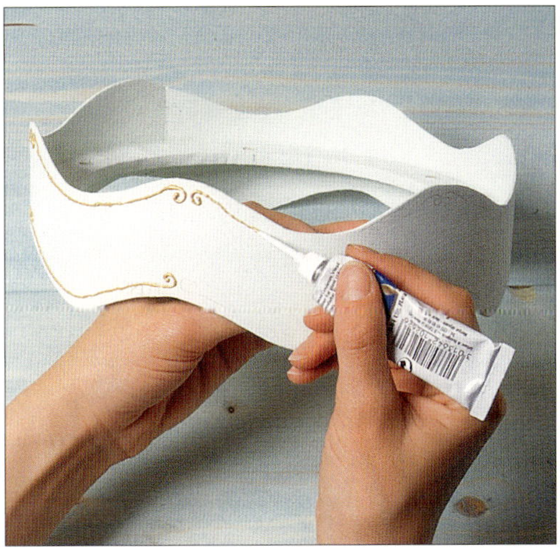

16 Das Dach entlang der Wellenkonturen mit goldenen Zierlinien versehen. Die Ösenschrauben in die Bodenplatte schrauben. Die Stangen mit den Pferdchen in die Bohrlocher der Bodenplatte stecken und festkleben. Das Dach aufsetzen und beim Ausrichten an den Markierungsstrichen orientieren. Die Dachkonstruktion behutsam 19 mm weit nach unten klopfen und festkleben.

17 Die Holzkugeln auf die vorstehenden Stabenden stecken. Mit dem Farbton des jeweiligen Pferdchens sowie mit Gold verzieren.

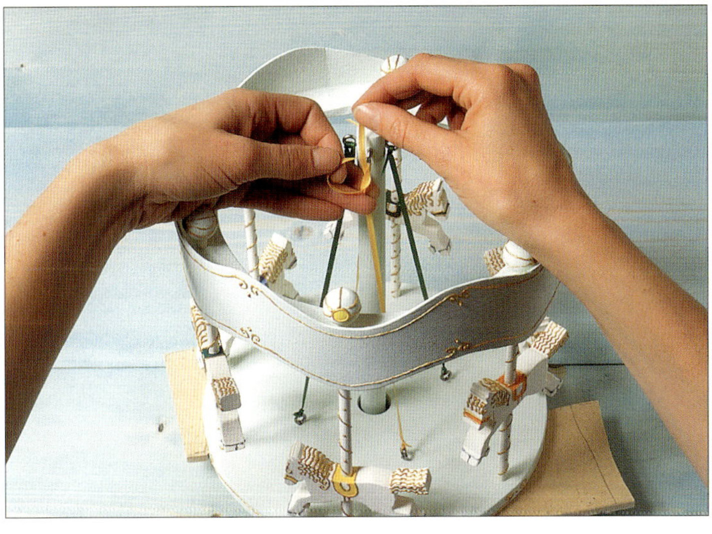

18 1 cm vom oberen Ende des Mastes entfernt Löcher für die vier Ösenschrauben vorbohren. Das Karussell über den Mast absenken und die Ösen einschrauben. An den unteren Ösen die Bänder festknoten. Als provisorische Abstandshalter einige gleich starke Holzstücke zwischen die beiden Bodenscheiben schieben. Die Bandenden durch die oberen Ösen ziehen und straffen. Die Abstandsstücke entfernen und die Karussellbewegung überprüfen. Wenn es sich ungehindert dreht, die Knotenenden mit Leim versiegeln. Zum Schluß eine Zierkugel auf den Mast stecken.

STROBOSKOP

AUS SPERRHOLZ

ANSPRUCHSVOLLER

Das Stroboskop wurde 1869 entwickelt, kurz vor der Erfindung der Filmtechnik. Diese verblüffend simple Vorrichtung versetzte seinerzeit jedermann in Erstaunen und wurde auch »Lebensrad« genannt. Wir zeigen Ihnen, wie Sie sich ein solches Mini-Kino selbst bauen können.

1 Anhand der Pausvorlagen auf S. 118 Schablonen für die Schlitze, die Bogenkanten und die Kurbel anfertigen. Mittels der Schablone die Bogenkante und die Schlitze auf die 1,5 mm starke Sperrholzplatte übertragen. Die Schlitze müssen genau senkrecht stehen. Die Enden überlappen etwas, da zur Sicherheit eine Zugabe von 19 mm berücksichtigt wurde.

2 Die Schlitze mit einem scharfen Cutter ausschneiden. Führen Sie den Cutter dabei an einem Metallineal entlang und wechseln Sie die Klinge aus, sobald sie stumpf wird.

WAS SIE BRAUCHEN

- **Dünnen Karton und Pauspapier**
- **1 Sperrholzplatte, 1,5 mm, 66 × 18 cm**
- **1 Sperrholzquadrat, 12 mm, Seitenlänge 25 cm**
- **1 Kupferrohr, 2,2 cm Durchmesser, 12 cm lang**
- **1 Dübelstab, 16 mm Durchmesser, 16 cm lang**
- **1 Dübel, 6 mm Durchmesser, 1,9 cm lang**
- **1 kleinen Holzknopf**
- **Goldwachs metallic**
- **Bleistift**
- **Sandpapier**
- **Weißleim**
- **Tapezierstifte**
- **Schere**
- **Cutter, scharf**
- **Metallineal**
- **Zirkel**
- **Bohrgerät**
- **Bohrer: entsprechend den Dübelstäben**
- **Schraubzwinge oder -stock**
- **Stich- oder Laubsäge**
- **Schlosserhammer**
- **Abdeckband**
- **Schutzbrille und Atemschutz**

FÜR DIE TRICKBILDSTREIFEN:

- **1 dünnen Karton, 65 × 5 cm**
- **Buntstifte**
- **Farben und Pinsel**

Die Trickbildstreifen messen 65 × 5 cm und werden aus dünnem Karton ausgeschnitten. Wenn das Spielzeug später gedreht wird, scheinen sich die aufeinanderfolgenden Einzelbilder wie im Film zu bewegen. Zeichnen, malen oder kleben Sie die Bilder auf den Kartonstreifen. Schieben Sie diesen unter die Schlitze, halten Sie das Kupferrohr in der einen Hand fest und drehen Sie mit der anderen an der Kurbel.

3 Die Spitzbögen unten am Zylindermantel mit einer scharfen Schere oder mit dem Cutter ausschneiden. Ausgefranste bzw. überstehende Stellen mit feinem Sandpapier glätten.

4 Mit dem Zirkel auf dem 12 mm starken Sperrholzquadrat einen Kreis mit 20 cm Durchmesser ziehen. In eine Ecke der Holzplatte, nicht zu dicht am Kreis, mittels der Schablone die Drehkurbel aufzeichnen.

5 In die Mitte des Kreises und der Drehkurbel je ein 16 mm großes Loch bohren. Für den Halteknopf ein 6 mm großes Loch in die Kurbel bohren. Bohrständer oder eine selbstgefertigte Einspannvorrichtung verwenden, damit die Löcher nicht schief verlaufen.

6 Das Werkstück am Tisch festklemmen, Schutzbrille und Atemschutz anlegen und die beiden Formteile mit der Stich- oder Laubsäge ausschneiden. Kleinere Fehlstellen werden später vom Zylindermantel überdeckt bzw. können mit Holzspachtel korrigiert werden.

7 Auf den Zylindermantel knapp oberhalb der Spitzbögen eine Führungslinie zeichnen. Daran die Holzscheibe ausrichten, den Mantel darum herumführen und dabei nach und nach mit Klebstoff und Tapezierstiften befestigen.

8 Einen Klebstoffstrang entlang der sich überlappenden Endkanten auftragen und die beiden Enden zusätzlich mit Tapezierstiften fixieren. Die überstehenden Stiftteile im Zylinderinneren umbiegen und flach hämmern.

9 Den dünnen, kurzen Dübel in die Drehkurbel einleimen. In die Rückseite des Knopfes ein 6 mm großes Loch bohren und etwas Klebstoff hineindrücken. Den Holzknopf auf den hervorstehenden Dübelteil auf stecken und ggf. behutsam nach unten klopfen. Dabei eventuell herausgepreßten Klebstoff abwischen.

10 Den 16 cm langen Dübelstab in die Drehkurbel einleimen. Den Dübel durch das Kupferrohr hindurchschieben und in das Loch in der Holzscheibe einleimen. Leim trocknen lassen und anschließend alles mit feinem Sandpapier sorgfältig glätten.

11 Oben entlang des Zylindermantels in einem Abstand von etwa 12 mm von der Kante einen Streifen Abdeckband aufkleben. Einen weiteren Streifen knapp oberhalb der Spitzbögen um die Zylinderunterkante herum kleben. Die Bögen und den freigelassenen Streifen mit Goldwachs metallic verzieren. Einige Minuten einziehen lassen und mit einem weichen Lappen polieren. Anschließend die Klebestreifen abziehen.

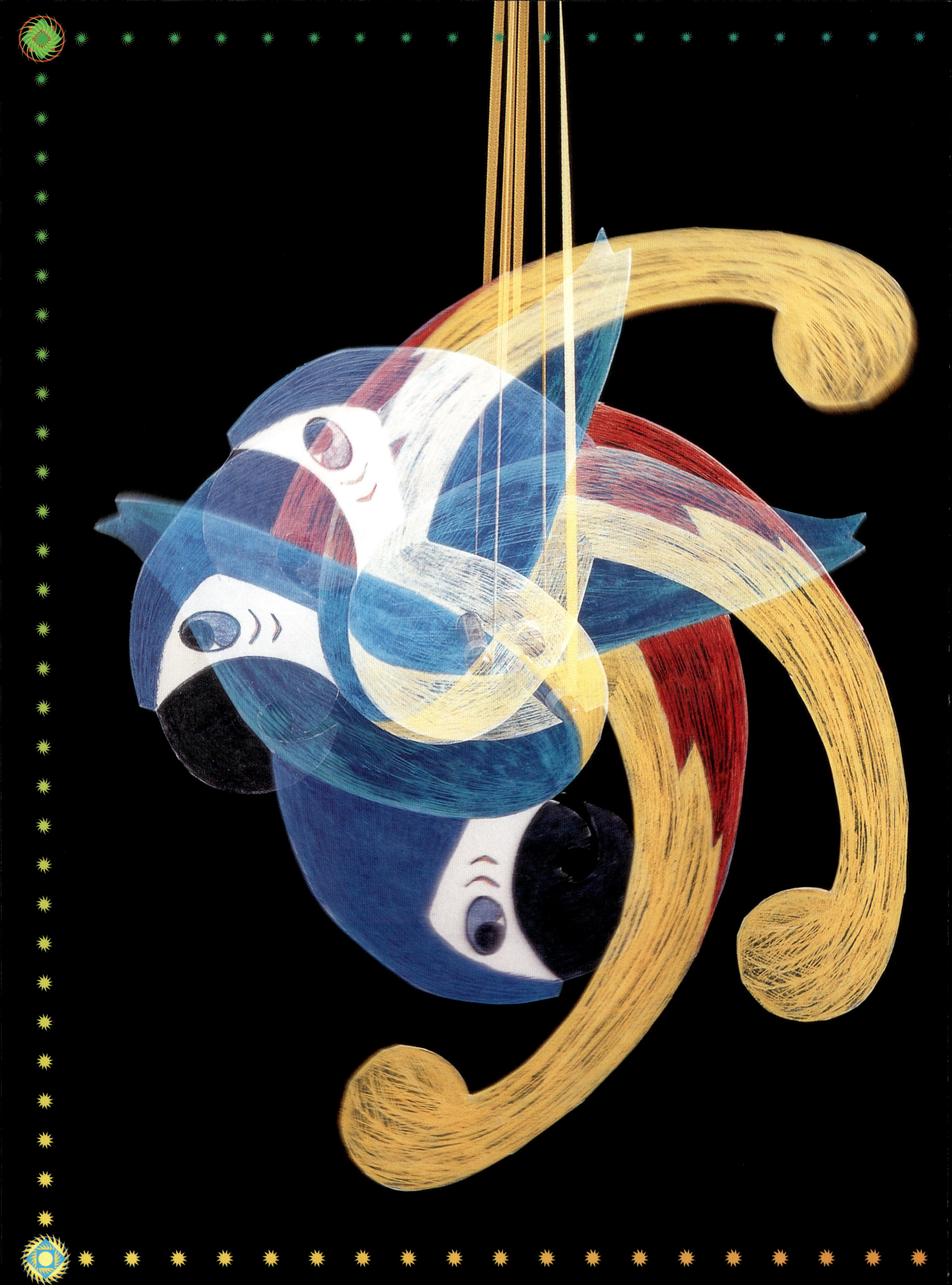

Schwingender Papagei 1

AUS KARTON

LEICHT

Die Drehbewegung dieses exotischen Vogels ähnelt in gewisser Weise der eines herkömmlichen Jojos. Das funktioniert übrigens auch mit anderen Tierfiguren. Wie wär's mit einer ganzen Schaukel-Menagerie?

WAS SIE BRAUCHEN

- **Pauspapier**
- **1 dicken, weißen Karton, 30 × 25 cm**
- **Schnur oder dünnes Geschenkband, 2 m**
- **Sechseckigen Bleistift**
- **Buntstifte**
- **Wachsmalstifte**
- **Klebeband**
- **Schere**
- **Cutter, scharf**

1 Den Umriß der Papageifigur von S. 119 mit Bleistift und Pauspapier auf den Karton übertragen und den ungefähren Aufhängepunkt markieren. Merkmale wie Flügelfedern, Gesichtsmerkmale und Schwanzfedern leicht vorskizzieren. Die verschiedenen Flächen anschließend mit den Buntstiften ausmalen. Für welche Farben Sie sich entscheiden, bleibt Ihrer Phantasie überlassen.

2 Für die Federnstruktur übermalen Sie die farbigen Flächen mit Wachsmalstiften. Dann kratzen Sie diese Schicht mit einem spitzen Bleistift oder einer Nagelfeile so ab, daß teilweise wieder die untere Farbe sichtbar wird. So entsteht ein dreidimensionaler Effekt.

3 Wenn die eine Seite fertig bemalt ist, schneiden Sie den Papagei mit einer scharfen Schere aus. Drehen Sie ihn um und bemalen Sie auch die andere Seite. Sie können dazu die gleichen Farben wie vorher oder auch ganz andere benutzen.

4 Stoßen Sie den eckigen Bleistift (ein runder würde durchrutschen) durch den markierten Mittelpunkt. Dann mit Klebeband an jedem Bleistiftende ein Ende des Bandes befestigen. In der Bandmitte eine Schlaufe knoten. Sie können den Papagei aufhängen und schwingen lassen, oder Sie stecken Ihren Finger durch die Schlaufe und verwenden den Papagei wie ein Jojo.

SCHWINGENDER PAPAGEI 2

SPERRHOLZ ODER SPANPLATTE

MITTELSCHWER

Wenn Sie bereits einen Papagei aus Karton haben, warum probieren Sie nicht auch diesen hier? Er ist haltbarer, und auf dem Holz kommen seine Farben besonders prächtig zur Geltung – besonders, wenn sie ihn zum Schluß lackieren.

WAS SIE BRAUCHEN

- **Dünnen Karton und Pauspapier**
- **1 Span- oder Sperrholzplatte, 6 mm, 30 × 25 cm**
- **1 Dübelstab, 16 mm Durchmesser, 18 cm lang**
- **Farbiges Band, 2 m**
- **Weißleim**
- **Weiße Dispersionsfarbe**
- **Acrylfarben in kräftigen Tönen**
- **Künstlerpinsel**
- **Konturenstift in Silber**
- **Acryllack, klar**
- **Bleistift**
- **Feines Sandpapier**
- **Schutzbrille und Atemschutz**
- **Stich- oder Laubsäge**
- **Schraubzwinge**
- **Bohrgerät**
- **Bohrer: entsprechend dem Dübelstab, sowie einen ganz dünnen**

1 Fertigen Sie anhand der Pausvorlage auf S. 119 eine Schablone an und übertragen Sie die Umrisse des Papageis auf die Holzplatte. Markieren Sie den Gleichgewichtspunkt, an dem sich später die Sitzstange befinden wird. Legen sie Schutzbrille und Atemschutz an und sägen Sie die Figur mit der Stich- oder Laubsäge entlang der Umrißlinie aus.

2 Bohren Sie das Loch für die Sitzstange, wobei sich die Bohrergröße nach dem Durchmesser des Dübelstabes richtet. Verwenden Sie einen Bohrständer oder eine selbstgefertigte Spannvorrichtung, damit der Bohrer genau senkrecht ins Holz geführt wird. Die Stange rechts und links jeweils 1 cm von der Endkante entfernt mit dem dünnen Bohrer durchbohren.

3 Die Außenkanten des Papageis mit feinem Sandpapier glätten. Die Holzstange durch das Loch schieben und den Vogel in der Mitte so ausrichten, daß er in bezug auf die senkrecht nach oben verlaufenden Löcher in der Holzstange eine optimale Sitzposition einnimmt.

4 Nun mit weißer Dispersionsfarbe grundieren und trocknen lassen. Federn, Schnabel, Schwanz und die übrigen Details mit Bleistift andeuten und diese Flächen mit Acrylfarben ausmalen. Die Umrißlinien mit dem Konturenstift nachfahren. Trocknen lassen und danach mit Klarlack streichen.

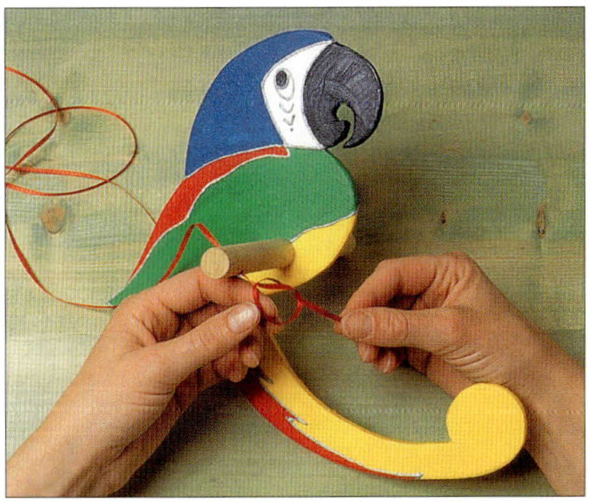

5 In die Mitte des Bandes eine kleine Schlaufe binden und die Bandenden durch die kleinen Löcher in der Sitzstange fädeln und fest verknoten. Jetzt können Sie Ihren Papagei aufhängen und zum Schwingen bringen! Je länger das Band, desto heftiger die Bewegung – aber es sollte auch nicht allzu lang sein!

Schwimmende Delphine

In Holz und Plexiglas

MITTELSCHWER

Delphine gehören zu den beliebtesten Tieren. Natürlich kann ein Holztier die wendige Anmut dieser Meeresbewohner nicht wirklichkeitsgetreu wiedergeben. Dieser originell dekorierte Spielzeugdelphin vermittelt uns aber etwas von ihrer übermütigen Verspieltheit.

Was Sie brauchen

- Dünnen Karton und Pauspapier
- 2 Spanplatten, 8 mm, 40 × 12 cm
- 1 Weichholzplatte, 8 mm, 40 × 6 cm
- 1 Plexiglasscheibe, 40 × 12 cm
- 1 Spanplattenquadrat, 6 mm, Seitenlänge 20 cm
- 1 Dübelstab, 8 mm Durchmesser, 10 cm lang
- 2 kleine Holzkugeln
- Klebstoff
- Weiße Dispersionsfarbe
- Acrylfarben
- Dekorationspaste
- Körniges Strukturgel
- Konturenstift in Gold
- Acryllack, glänzend
- Schutzbrille und Atemschutz
- Doppelseitiges Klebeband
- Bleistift
- Messer mit runder Spitze
- Verschiedene Pinsel
- Stich- oder Laubsäge
- Bohrgerät
- Bohrer: entsprechend dem Dübelstab, sowie einen ganz dünnen
- Zange
- Klemme
- 6 kleine Senkschrauben

1 Die Plexiglasscheibe zwischen die beiden gleich großen Spanplatten legen und alles mit doppelseitigem Klebeband zusammenfügen. Anhand der Pausvorlage auf den Seiten 120–121 die Schablonen für die Wellenform und den Delphin anfertigen. Die Wellenschablone an der Unterkante der zusammengeklebten Platten anlegen und die Wellen nachzeichnen.

2 Das Werkstück am Arbeitstisch festklemmen, Schutzbrille und Atemschutz anlegen und entlang der Wellenlinien zusägen.

3 Das abgerundete Messer vorsichtig zwischen die Platten führen und die Holzplatten und die Plexiglasscheibe behutsam voneinander trennen. Eine der Holzplatten wird nicht mehr benötigt.

4 Die Delphinschablone auf das Holzquadrat legen und die Umrisse nachzeichnen. Schutzbrille und Atemschutz anlegen, das Holzstück festklemmen und den Delphin aussägen. Zwischen Schwanz und Bauchflosse ein Loch bohren, dort die Säge ansetzen und die Innenform aussägen.

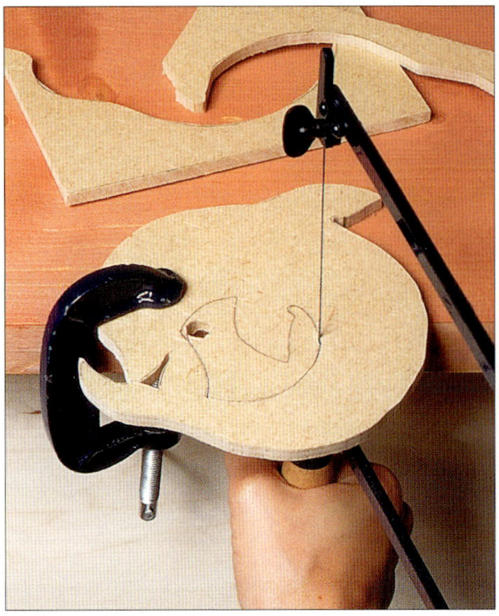

5 Durch die Bauchflosse ein 8 mm breites Loch bohren. Alle Oberflächen abschmirgeln und unregelmäßige Kanten glätten. Die Holzstange durch das Flossenloch schieben, den Delphin genau in die Mitte schieben und festleimen. Die schmale Weichholzplatte, die wellige Spanplatte und den Delphin mit weißer Dispersionsfarbe streichen und trocknen lassen.

6 Verschiedene Blautöne auswählen und den Delphin damit bemalen. Beginnen Sie mit helleren Farbtönen und fügen Sie erst nach und nach dunklere Blau- und Grautöne hinzu.

7 Lassen Sie einige Stellen weiß und ergänzen Sie diese teilweise mit helleren Blau- und Gelbtönen, um dem Delphin eine gewisse Dreidimensionalität zu verleihen. Flossen und Schnauze weiß hervorheben. Trocknen lassen und anschließend lackieren.

8 Körniges Strukturgel mit blauer und gelber Acrylfarbe vermischen und damit die Rückplatte (blau) und die Bodenplatte (gelb) streichen. Stupfen Sie die Farben mit einem Schablonenpinsel auf, das ergibt eine reizvolle Struktur. Ein ähnlicher Effekt läßt sich mit Acrylfarbe erzielen, der etwas Sand und Weißleim beigegeben wird. Gut trocknen lassen. Anschließend das Bodenteil lackieren.

9 Auf der blauen Rückplatte mit den Fingern etwas hellblaue Dekorationspaste auftragen, damit die Oberflächenstruktur noch kontrastreicher hervortritt. Gut trocknen lassen und anschließend ebenfalls lackieren.

10 Die Plexiglasscheibe und die gelbe Bodenplatte mit dem goldenen Konturenstift verzieren. Wählen Sie dazu einfache Muster wie Seestern- und Muschelformen. Trocknen lassen.

11 Rückplatte und Bodenplatte senkrecht gegeneinanderlegen (siehe auch großes Bild unten) und an drei Stellen durch die Rückplatte hindurch in die Bodenplatte bohren. Beide Teile miteinander verleimen und zusammenschrauben. Dann vorne entsprechend die Plexiglasscheibe anlegen und mit dem feinen Bohrer drei Löcher durch diese hindurch in die Bodenplatte bohren. Mit dem 8 mm-Bohrer vorsichtig Versenkungen anbohren und die Plexiglasscheibe anschrauben. Die Schraubenköpfe mit Konturenstift golden übermalen.

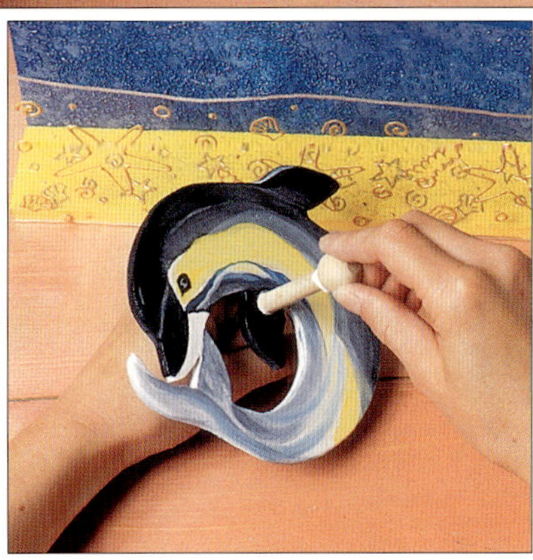

12 Mit Hilfe einer Kugelzwinge (siehe S. 11) die Holzkugeln mit einem 8 mm-Bohrer zur Hälfte anbohren. Zum Abschluß die Kugeln an den beiden Enden der Holzstange festkleben und schon kann's losgehen!

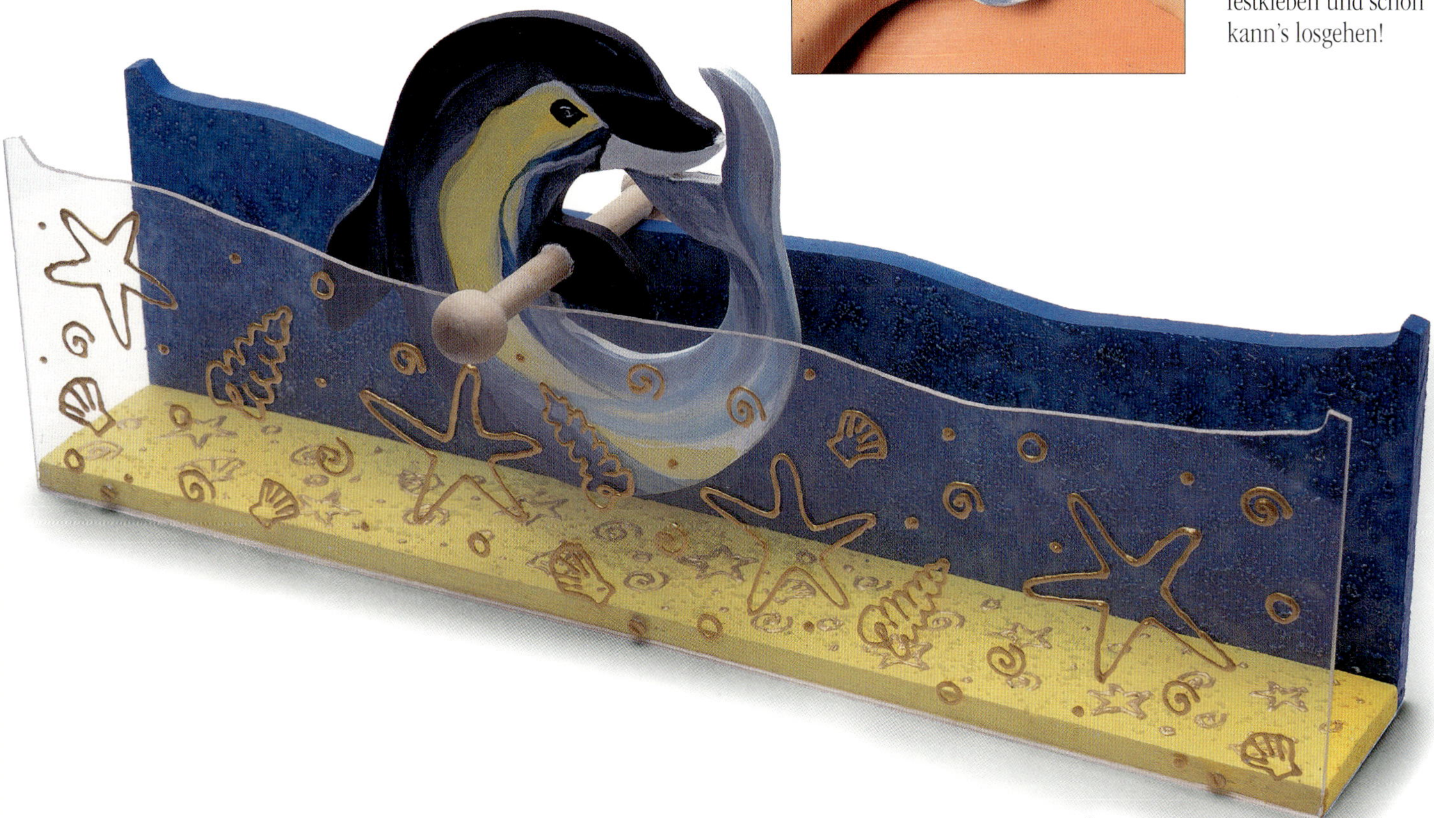

SCHAUKELCLOWN

AUS PAPIERMACHÉ

MITTELSCHWER

Dieser originelle Clown ist ein echtes Stehaufmännchen – schubst man ihn an, richtet er sich sogleich wieder auf. Die Materialien sind denkbar einfach, aber Sie brauchen eine Menge Geduld, da die Figur zwischen jedem Arbeitsschritt trocknen muß, was einige Zeit dauert. Aber das Warten lohnt sich!

WAS SIE BRAUCHEN

- **1 großen Luftballon**
- **Bindfaden**
- **Abdeckband**
- **Zeitungspapier in zwei Farben**
- **Weißleim**
- **Vaseline**
- **Weiße Dispersionsfarbe**
- **Acrylfarben**
- **Acryllack, klar**
- **Wolle**
- **Sandpapier, mittelfeine Körnung**
- **Bleistift**
- **Schere oder Messer**
- **Kieselstein oder anderes Gewichtstück**
- **Malerpinsel**

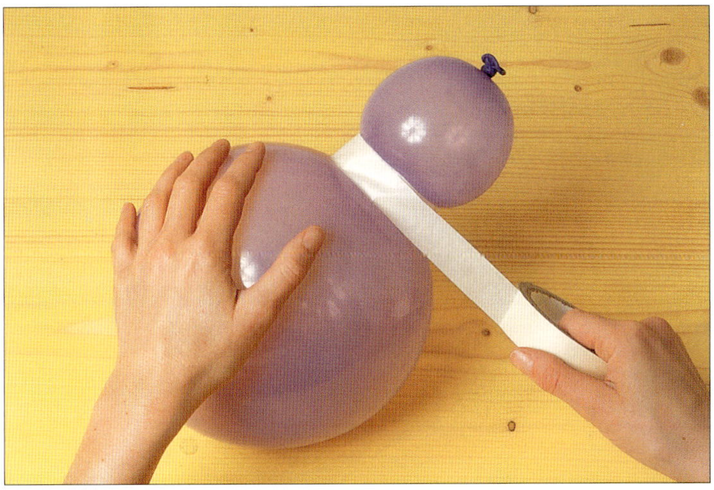

1 Den Ballon aufblasen, 20 Sekunden zuhalten und dann die Luft wieder entweichen lassen. Zweimal wiederholen, um die Ballonhaut auszudehnen. Dann den Ballon zu etwa 3/4 der maximalen Größe aufblasen und zubinden. So verdrehen, daß zwei verschieden große Teile entstehen und diese mit Abdeckband fixieren.

2 Die Zeitungen in etwa 2,5 × 10 cm große Streifen zerreißen. Den Weißleim mit 1/3 Wasser verdünnen. Den Ballon mit Vaseline bestreichen und mit dem Auflegen der Papierstreifen beginnen. Jeden Streifen durch die wässerige Leimlösung ziehen und dann mit den Fingerspitzen auf dem Ballonkörper glattstreichen.

3 Nach und nach immer mehr Schichten Papierstreifen aufbringen. Beim Ausformen der Halspartie besonders sorgfältig vorgehen. Damit die acht bis zehn Schichten gleichmäßig dick werden, sollten Sie für jede andersfarbige Streifen verwenden – dann sehen Sie immer sofort, wann eine Schicht komplett ist. Mindestens 24 Stunden lang trocknen lassen.

4 Etwa in Taillenhöhe eine Linie um den Clown ziehen. Im rechten Winkel dazu drei oder vier Markierungen anbringen, damit der Körper später wieder richtig zusammengefügt werden kann. Nun den Clown mit Messer oder Schere entlang der Taillenlinie aufschneiden und die Ballonhaut entfernen.

5 Das Gewicht bzw. den Kieselstein mit Abdeckband im unteren Teil der Hülle fixieren. Dieses Gewicht verursacht später die Schaukelbewegung und muß daher wirklich fest und sicher angeklebt werden. Auf die Klebestreifen daher etwa drei oder vier Schichten aus Papiermaché aufbringen und anschließend etwa vier Stunden trocknen lassen.

6 Die beiden Clown-Hälften an den Markierungen ausrichten und zusammenkleben. Die Schnittlinie mit Abdeckband und drei bis vier Schichten Papiermaché überdecken. Wieder gut durchtrocknen lassen.

7 Rauhe oder spitze Kanten mit dem Sandpapier glätten. Anschließend wird der Clown mit weißer Dispersionsfarbe grundiert.

8 Malen Sie nun mit Bleistift auf zwei Seiten die Gesichtszüge und die Kleidung auf. Wer mag, kann jede Seite unterschiedlich ausführen, so daß der Clown z. B. auf der einen Seite ein fröhliches und auf der anderen ein trauriges Gesicht hat.

9 Jeweils nur mit einer Farbe arbeiten und die Flächen nach und nach ausfüllen. Wer die Farben eher kräftig mag, muß zwei Farbschichten auftragen. Sollte Ihnen ein Patzer unterlaufen, übermalen Sie die Fläche einfach mit Dispersionsfarbe und beginnen erneut.

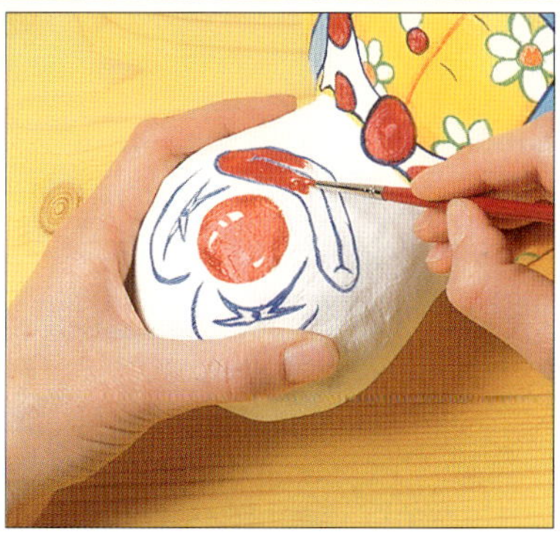

10 Mit einem feinen Pinsel oder einem wasserfesten Filzstift werden nun Details und Umrandungen aufgemalt. Anschließend wird der Clown mit Klarlack gestrichen.

11 Einige Schichten Wolle um ein etwa 15 cm langes Stück Karton wickeln. Dann den Karton herausziehen, den Wollstrang mit einem kurzen Wollfaden in der Mitte abbinden und die Schlaufen rechts und links aufschneiden, so daß eine Quaste entsteht.

12 So viele Wollquasten anfertigen, daß jede Seite des Clownkopfes mit Haaren bestückt werden kann. Diese dann aufkleben und etwas zurechtschneiden.

Clown und Schmetterling

Aus Papiermaché

MITTELSCHWER

Dieser Trick wird schon seit Jahren von professionellen Zirkusclowns praktiziert: Jede noch so leichte Kopfbewegung überträgt sich auf den Draht und bringt den Schmetterling – der sich nie fangen läßt! – zum Tänzeln.

Was Sie brauchen

- 1 Luftballon
- Zeitungspapier in zwei Farben
- Vaseline
- Weißleim
- Weichen Kupferdraht, 1,3 m
- Buntpapier
- Pauspapier
- Sticker
- Weiße Dispersionsfarbe
- Acrylfarben
- Bleistift, Filzstift
- Acryllack, klar
- Kleine Holzkugel oder -perle
- Wolle
- Abdeckband
- Doppelseitiges Klebeband
- Schere
- Ahle
- Kleinen Bohrer
- Künstlerpinsel

1 Blasen Sie den Ballon auf, bis er etwa den Umfang Ihres Kopfes hat. Zerreißen Sie die Zeitungen in Streifen und Quadrate. Dann bestreichen Sie den Ballon mit Vaseline und belegen ihn ungefähr zur Hälfte mit insgesamt etwa acht Schichten Papiermaché – jede Schicht in einer anderen Farbe. Den Weißleim mit 1/3 Wasser verdünnen und die Papierstreifen durch die Mischung ziehen und dann mit den Fingerspitzen auf der Ballonhaut festtupfen. Anschließend 24 Stunden trocknen lassen.

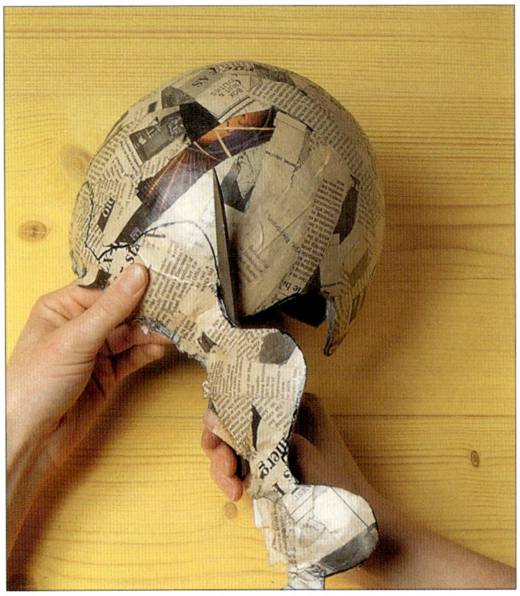

2 Nun rund um den Clownkopf eine wellige Linie malen, welche die Augenbrauen, die Ohrpartien und den hinteren Haaransatz darstellt. Den Ballon durch Anpieksen platzen lassen und mit der Schere entlang der Wellenlinie abschneiden.

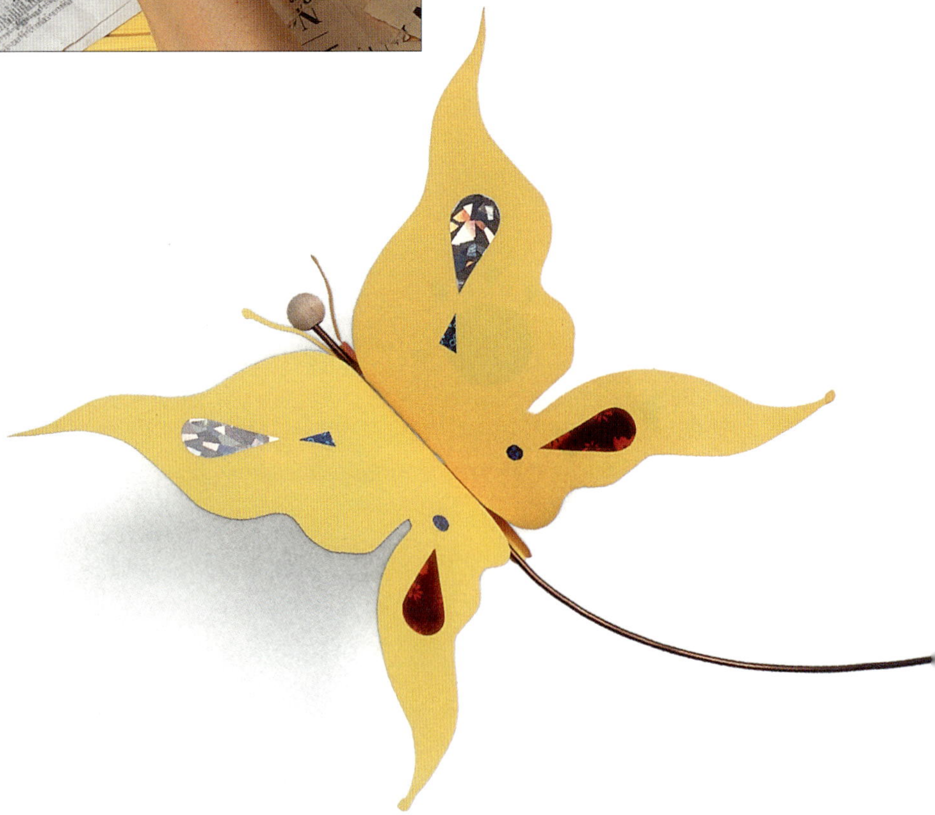

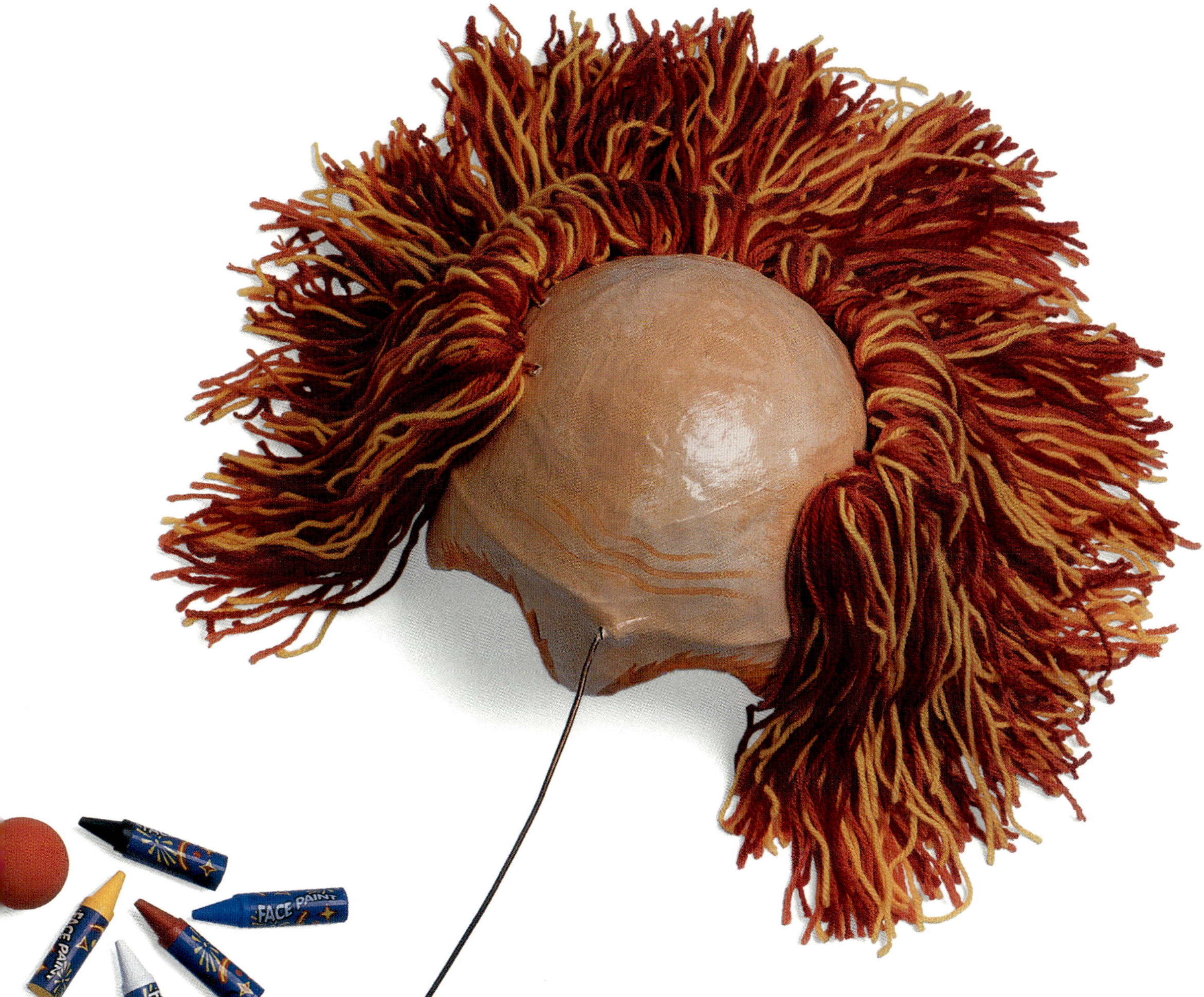

3 Den Kupferdraht um den Kopf wickeln, so daß ein langes Ende übersteht. Die beiden Enden vorne zwischen den Augenbrauen miteinander verdrillen. Dann den Draht rings um den Kopf herum mit Abdeckband fixieren, bis er nicht mehr sichtbar ist.

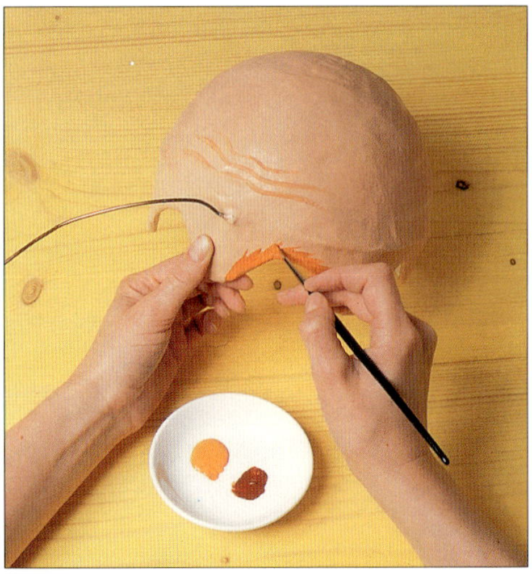

4 Das Abdeckband mit vier Schichten Papiermaché überdecken. Im gleichen Arbeitsgang auch die welligen Schnittkanten mit Papierstreifen umlegen, damit eine glatte Abrundung entsteht.

5 Sobald der Kopf – der eigentlich ein Hut ist – vollständig getrocknet ist, wird er innen und außen mit weißer Dispersionsfarbe gestrichen. Trocknen lassen.

6 Die Außenfläche mit fleischfarbener Acrylfarbe bemalen. Mit einem feinen Pinsel die Stirnfalten und die Augenbrauen andeuten. Anschließend mit dem Acryllack zweimal lackieren.

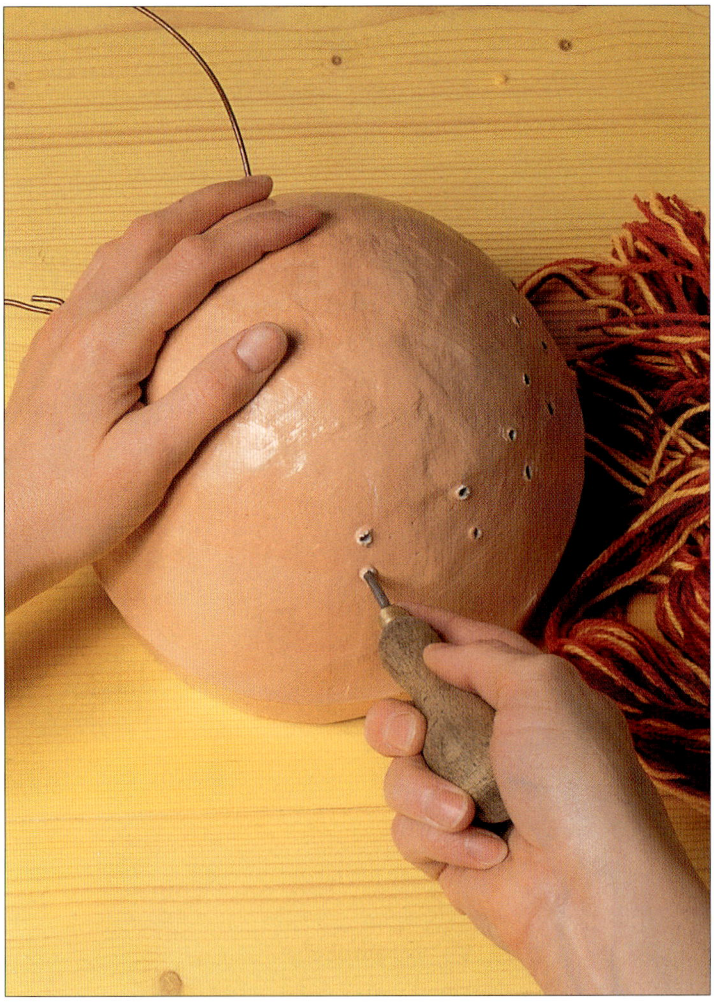

7 Einen kräftig gefärbten Wollfaden mehrmals um ein etwa 25 cm langes Kartonstück wickeln. Dann den Karton herausziehen und die so erhaltenen Wollschlingen mit zwei Wollfäden in der Mitte abbinden. Die Schlaufen des Wollstranges rechts und links aufschneiden. Dann die beiden Enden der Wollfäden jeweils mit einem kleinen Stück Abdeckband umkleben, damit sie sich später leichter fädeln lassen.

8 Mit dem Bleistift seitlich und hinten am Kopf im Abstand von jeweils 16 mm eine gerade Anzahl Löcher markieren – zwei Löcher pro Haarquaste. An diesen Markierungspunkten den Clownkopf mit der Ahle durchstechen.

9 Eine Wollquaste nehmen und das eine versteifte Ende in ein unteres Loch und das andere Ende in ein oberes Loch einfädeln. Die beiden Enden innen verknoten. Auf diese Weise werden alle Haarquasten am Kopf befestigt. Alle losen Wollenden innen zusammenknoten und überflüssige Wollstücke abschneiden.

10 Das Buntpapier zur Hälfte falten und die Schmetterlingsvorlage auf S. 119 abpausen. Die Form ausschneiden und das Papier auffalten. Mit bunten Stickern oder auch mit Farbstiften dekorieren.

11 Die kleine Holzkugel zur Hälfte anbohren. Die Bohrergröße muß dabei der Dicke des Kupferdrahtes entsprechen. Leim in die Bohrung geben und die Kugel auf das Ende des langen Drahtstückes stecken. Den Schmetterling mit doppelseitigem Klebeband am Draht befestigen. Nun biegen Sie den Draht so, daß der Schmetterling für den Träger des Hutes immer außer Reichweite ist. Und das Fangenspiel kann beginnen!

JONGLIERBÄLLE

AUS LUFTBALLONS UND REIS

LEICHT

Die meisten Leute denken bei dem Wort »Jonglieren« zumeist an Bälle, Reifen oder Kegel. Diese reisgefüllten Luftballons sind jedoch besonders für Neulinge geradezu ideal zum Jonglieren, denn sie bleiben immer genau dort liegen, wo sie herunterfallen!

WAS SIE BRAUCHEN

Für drei Bälle:

- **6 robuste, kräftig gefärbte Luftballons**
- **2 Tassen roher Reis**
- **Scharfe Schere**

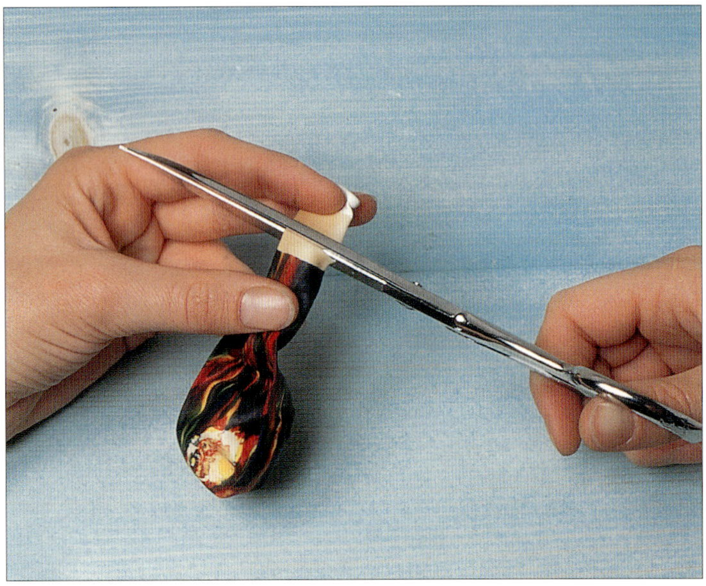

1 Die Ballons jeweils aufblasen, 20 Sekunden zuhalten, damit sie sich ausdehnen, und dann die Luft wieder herauslassen. Auf links drehen und einige Zeit trocknen lassen. Dann wieder umstülpen und von den drei weniger farbenprächtigen Ballons die Hälfte des Mundansatzes abschneiden.

2 In diese drei Ballons soviel Reis einfüllen, bis sich jede »Reiskugel« gut in Ihre hohle Hand einschmiegt.

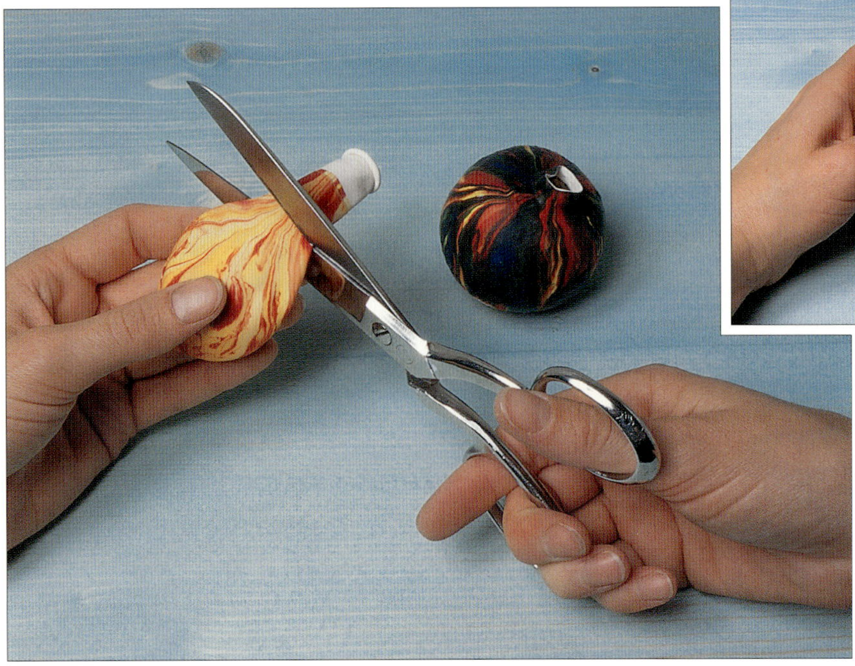

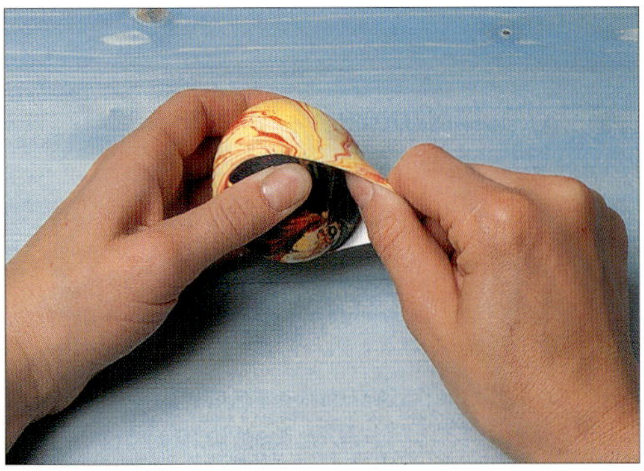

3 Nun von den übrigen Ballons die Mundansätze ganz abschneiden. Diese Ballonhüllen jeweils über die Öffnungen der reisgefüllten Ballons stülpen und dann möglichst viel von deren Oberfläche umspannen.

SO JONGLIERT MAN MIT DREI BÄLLEN

Als Neuling sollten Sie zunächst einmal üben, die Bälle sicher in der Hand zu halten. Nehmen Sie jeweils einen Ball in jede Hand und werfen Sie den dritten von einer Hand in die andere. Wenn Sie das Werfen, Auffangen und Halten mit allen drei Bällen beherrschen, können Sie sich an das eigentliche Jonglieren heranwagen.

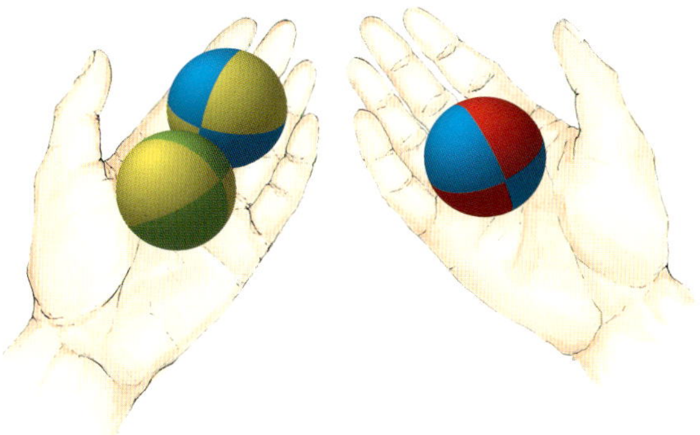

1 Halten Sie zwei Bälle in der linken und den dritten in der rechten Hand.

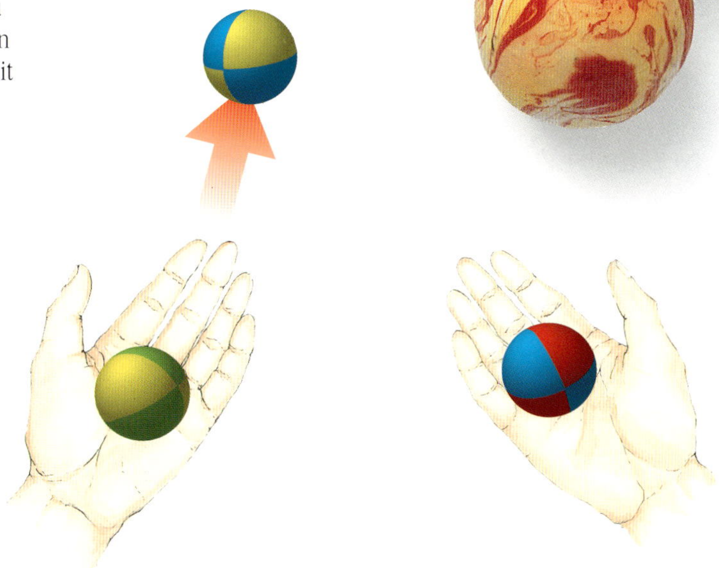

2 Werfen Sie nun den vorderen der beiden Bälle aus der linken Hand in die Luft.

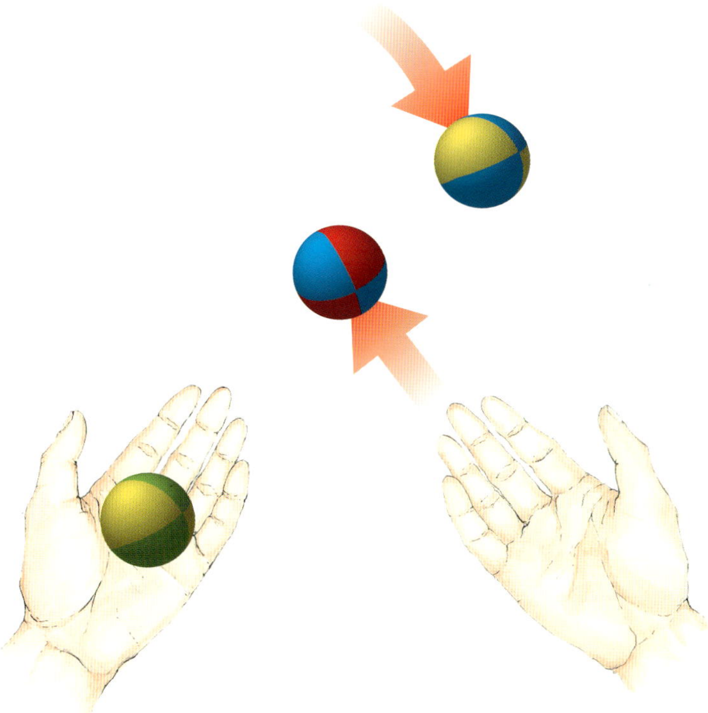

3 In dem Moment, wo dieser seinen höchsten Punkt erreicht, werfen Sie den Ball aus der rechten Hand nach oben.

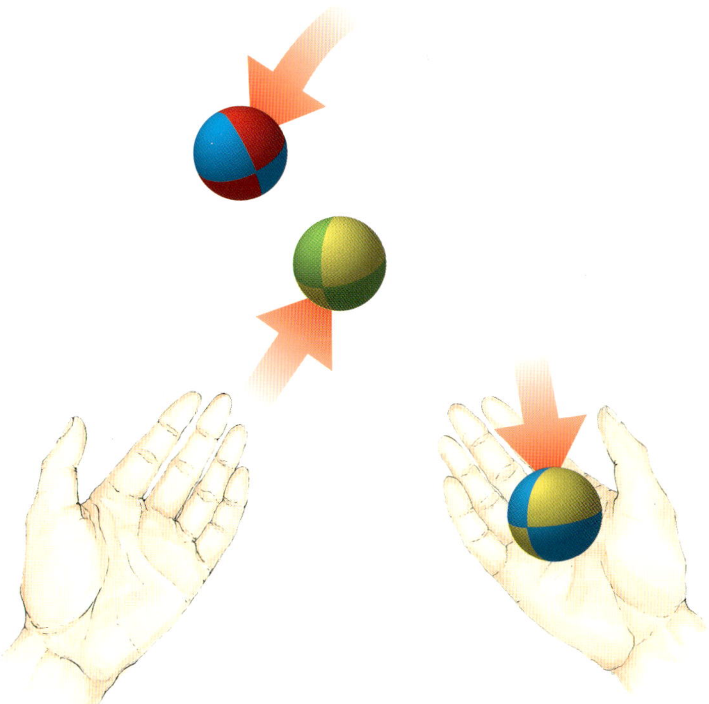

4 Fangen Sie den ersten Ball mit der rechten Hand auf. Sobald der zweite den höchsten Punkt seiner Flugbahn erreicht, werfen Sie den anderen Ball aus der linken Hand hoch. Auf diese Weise fahren Sie dann fort.

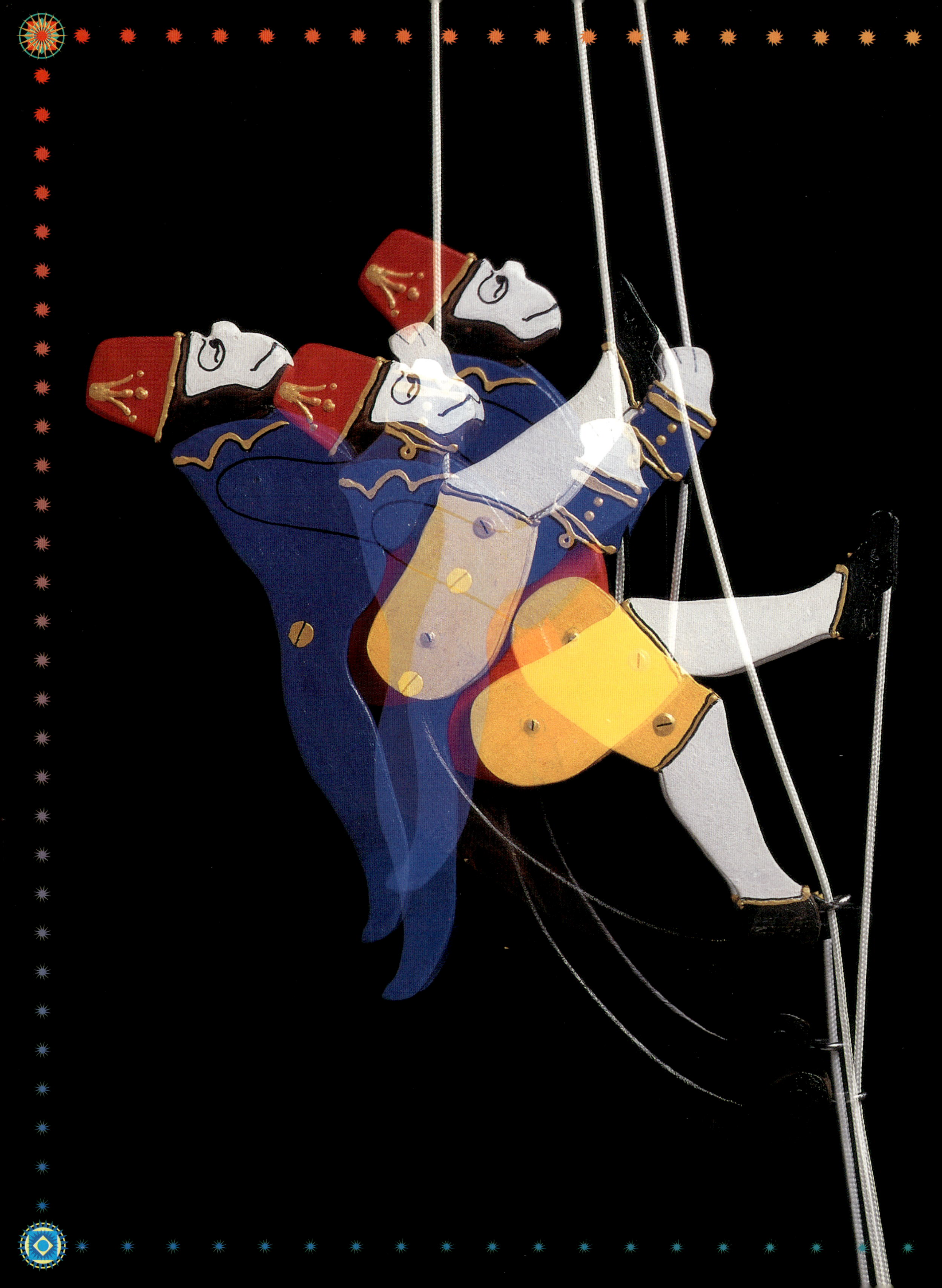

Kletteraffe

AUS SPANPLATTE

ANSPRUCHSVOLLER

Spielzeugaffen haben eine lange Tradition – um 1860 amüsierte man sich über »rauchende Äffchen« und in den 50er Jahren klapperte wohl in jedem deutschen Kinderzimmer ein Aufzieh-Äffchen aus Weißblech. Unser lustiger Kletteraffe erfreut sich bei Alt und Jung immer wieder größter Beliebtheit.

WAS SIE BRAUCHEN

- **Dünnen Karton und Pauspapier**
- **2 Spanplatten, 6 mm, 18 × 10 cm**
- **1 Spanplatte, 19 mm, 25 × 10 cm**
- **1 Dübelstab, 6 mm Durchmesser, 10 cm lang**
- **Steifen Draht, 10 cm lang (von Drahtbügel o. ä.)**
- **Nylonschnur, 1,5 m**
- **Gummikordel, 30 cm**
- **2 kleine Ösenschrauben**
- **2 kurze Tapezierstifte**
- **Holzkugel**
- **Holzkitt**
- **Sandpapier**
- **Klebstoff**
- **Doppelseitiges Klebeband**
- **Weiße Grundierfarbe**
- **Acrylfarben**
- **Konturenstift**
- **Filzstift und Bleistift**
- **Acryllack, klar**
- **Schutzbrille und Atemschutz**
- **Stichsäge und /oder Bügelsäge**
- **Bohrgerät**
- **Bohrer: entsprechend dem Dübelstab sowie einen ganz feinen**
- **Schlosserhammer**
- **Langzange**

1 Die beiden 6 mm starken Spanplatten aufeinanderlegen und mit doppelseitigem Klebeband zusammenfügen. Anhand der Pausvorlagen auf S. 122 Schablonen für Körper, Beine und Frack des Affen anfertigen.

2 Mit Hilfe der Schablone zeichnen Sie die Umrisse des Fracks und der Beine auf den zusammengeklebten Holzblock. Auf die 18 mm starke Spanplatte den Körperumriß zeichnen. Nicht vergessen, die Bohrlöcher zu markieren.

3 Mit dem 6 mm-Bohrer Löcher für die Dübel bohren: eines in den Schwanz, eines oben in die Beine und eines in die Hände. Mit Hilfe eines Bohrers, der genauso dick ist wie der Draht, in das Beinteil drei weitere Löcher bohren (Positionen siehe Abb. bei Schritt 5). Ein etwas größeres Loch in den Hüftbereich des Körpers bohren. Verwenden Sie dazu einen Bohrständer oder eine Spannvorrichtung, damit die Löcher genau im rechten Winkel verlaufen.

4 Schutzbrille und Atemschutz anlegen. Die vorgezeichneten Formen mit der Stichsäge ausschneiden. Für die komplizierteren Bereiche die Laubsäge verwenden.

5 Ein rundes Messer zwischen die beiden 6 mm-Spanplatten führen und diese auseinanderhebeln. Das Klebeband abziehen. Falls die Holzoberfläche dabei beschädigt wird, glätten Sie diese mit Sandpapier und wischen Sie den Holzstaub weg.

6 Von dem Dübelstab zwei Stücke von je 3,5 cm Länge absägen. Eines davon in der Mitte anbohren und eine Ösenschraube eindrehen. Ein 2 cm langes Dübelstück absägen und in das Loch am Schwanzende einleimen. Dann die Schwanzspitze mit dem Dübelstück anbohren. Dort die zweite Ösenschraube einschrauben. Der versenkte Holzdübel sorgt für den festen Halt der Schraube.

7 Die Frackhälften an den Händen mit Hilfe des zweiten 3,5 cm langen Dübels miteinander verbinden. Vor dem Festleimen der Dübelenden sicherstellen, daß die Frackhälften eng am Körper anliegen und daß sich beide Hände genau gegenüberliegen. Nach dem Trocknen des Leims die hervorstehenden Dübelenden flachschmirgeln.

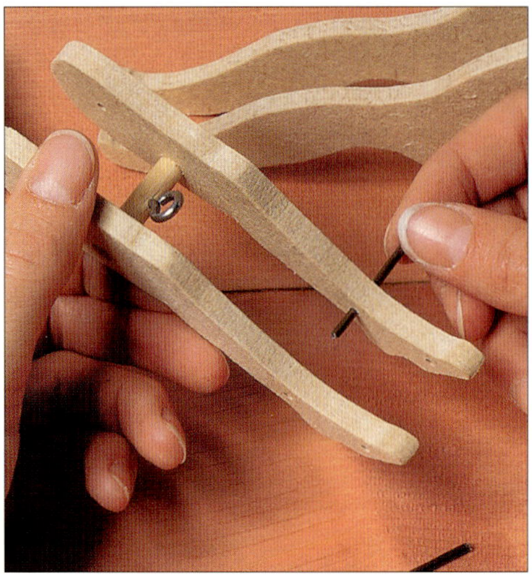

8 Nun mit dem ersten Dübel die Beinteile zusammenfügen. Die Ösenschraube muß horizontal zu den Knien zeigen. Kontrollieren, ob sich die Hüftpartien frei über dem Körper bewegen können, dann den Dübel einleimen. Nun zwei Drahtstücke zuschneiden, die etwas länger sind als der Abstand zwischen den Beinen. Durch die kleinen Löcher schieben und festleimen. Vertiefungen mit Holzkitt ausfüllen und nach dem Trocknen glattschmirgeln.

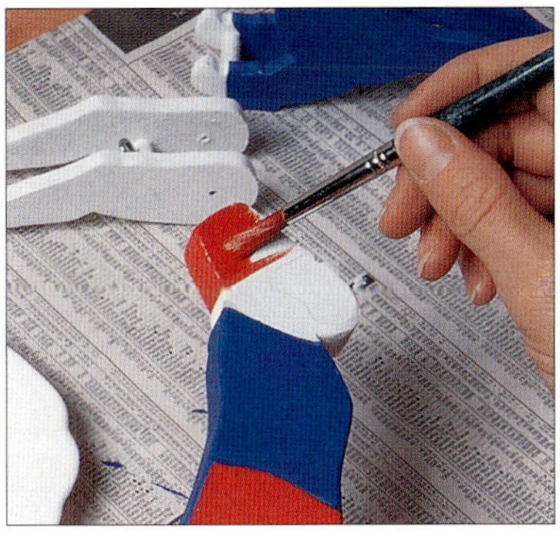

9 Alle drei Formteile weiß grundieren. Trocknen lassen. Dann mit Bleistift die Umrisse der Schuhe und der einzelnen Körperbereiche voneinander abgrenzen. Die größeren Flächen ausmalen, trocknen lassen und anschließend farblos lackieren.

10 Den Frackteil über den Körper schieben und ausrichten. Den Tapeziernagel mit einer Langzange festhalten und vorsichtig in das Loch einhämmern. Den Affen umdrehen und den zweiten Nagel genauso einhämmern. Jeden Nagelkopf mit einem Klebstofftropfen versiegeln, dann mit Konturenstift überdecken.

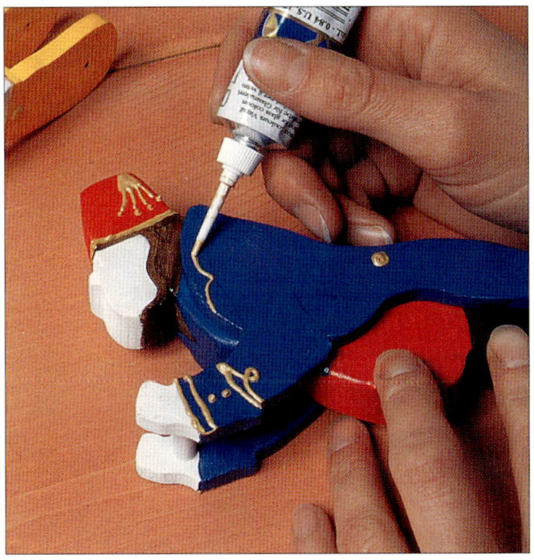

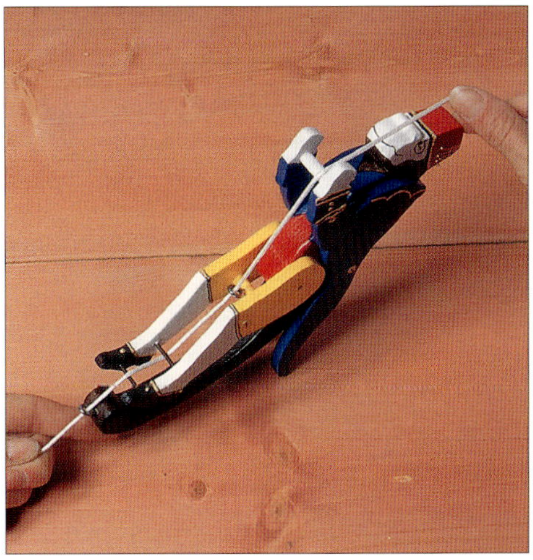

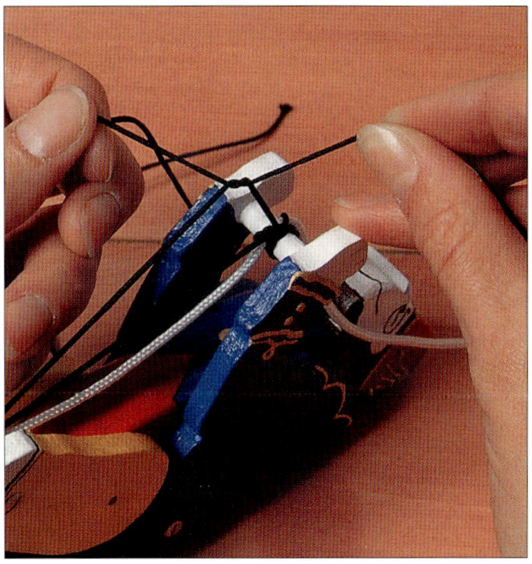

11 Die feineren Details und Verzierungen mit Konturenstift und wasserfestem Filzstift hinzufügen. Ein Stück Draht abknipsen, das etwas kürzer ist als die Hüftbreite. Dieses Drahtstück durch die Hüfte stecken und damit die Beine am Körper befestigen. Die Drahtenden wie in Schritt 10 beschrieben versiegeln und kaschieren.

12 Die Nylonschnur durch die Öse im Schwanzende fädeln, dann über den Drahtsteg in den Füßen, unter den Drahtsteg im Knöchelbereich, durch die Öse oberhalb der Knie und schließlich über den Holzsteg zwischen den Händen führen.

13 Die Gummikordel straff um die Nylonschnur wickeln, damit diese eng am Holzsteg zwischen den Händen anliegt. Ein Ende der Gummikordel durch die Öse oberhalb der Knie führen, die Knie bis zu den Armen hochziehen und die Kordel festknoten. Den Affen an einem Haken aufhängen und mehrmals an der Nylonschnur ziehen. Wenn er nicht klettert, noch einmal aufknoten und die Gummikordel straffer wickeln. Wenn das Äffchen einwandfrei klettert, Knoten mit Klebstoff versiegeln. Zum Schluß die Holzkugel am Ende der Nylonschnur befestigen.

Fallender Affe

AUS KARTON

LEICHT

Legen Sie einen Ellenbogen des Äffchens auf den obersten Posterpin und den anderen so, daß er beim Herabfallen auf dem nächsten, tiefergelegenen Pin auftrifft – und schauen Sie zu, wie sich Ihr Äffchen den Berg hinunter hangelt!

WAS SIE BRAUCHEN

- **Pappkartons**
- **Zeitungspapier, zwei Farben**
- **Buntpapier**
- **Pauspapier**
- **Große Posterpins**
- **Doppelseitiges Klebeband**
- **Abdeckband**
- **Weißleim**
- **Farbe**
- **Bleistift und schwarzen Filzstift**
- **Cutter, scharf**
- **Schere**
- **Dünnen Malerpinsel**
- **Künstlerpinsel**

1 Mit dem Cutter aus den Kartons vier Stücke in den Maßen 44 × 15 cm und zwei Stücke in den Maßen 30 × 15 cm ausschneiden. Die beiden kleineren Rechtecke mit doppelseitigem Klebeband zusammenfügen. Dies wird der Bodenteil. Ebenso jeweils zwei der übrigen Rechtecke zusammenkleben. Diese dienen als feste Vorder- und Rückteile.

2 Nun die drei Teile mit Abdeckband so zusammenkleben, daß ein Keil entsteht. Diesen seitlich hinlegen und die Umrisse zweimal auf einem neuen Stück Karton nachzeichnen. Die Dreiecke ausschneiden und als einlagige Seitenwände am Keil festkleben.

3 Die Affenfigur von S. 121 auf ein Stück Karton abpausen und mit einer scharfen Schere sorgfältig ausschneiden.

4 Kasten und Äffchen mit zwei Schichten aus Zeitungspapierstreifen bedecken, die mit einer Weißleim/Wasser-Mischung (50:50) aufgepinselt werden. Noch feucht wird der Kasten mit verschiedenen Buntpapierstreifen dekoriert. Trocknen lassen. Rauhe Kanten ggf. glätten und das Ganze mit verdünntem Weißleim überpinseln.

5 Den Affen braun anmalen und mit anderen Farben sowie einem schwarzen Filzstift die Details aufzeichnen.

6 Die Pins in den Kasten drücken. Das geht nur durch Ausprobieren, da die Anordnung davon abhängt, wie präzise das Äffchen ausgeschnitten wurde. Meistens liegen die Pins vertikal jeweils etwa 8 cm und horizontal etwa 5,5 cm auseinander. Sobald Sie die idealen Positionen herausgefunden haben, werden die Pins festgeleimt.

Himmel und Hölle

AUS PAPIER

LEICHT

Dieses Spielzeug wird von Kindern überall auf der Welt zum Wahrsagen benutzt. Jemand soll sich eine Zahl denken, die dann an der Figur abgezählt wird. Dann muß er von den in der Mitte sichtbaren Farbfeldern oder Mustern eines auswählen. Unter der gewünschten Falte verbirgt sich die geheime Botschaft.

WAS SIE BRAUCHEN

- **Sticker, Farben, Buntstifte und Farbkreiden zum Bemalen**
- **Quadrate aus Buntpapier**

1 Ein Papierquadrat zweimal über Eck falten, so daß diagonale Knicklinien entstehen. Auffalten und mit der farbigen Seite nach unten flach ausbreiten.

2 Anschließend alle vier Ecken sorgfältig zur Mitte des Quadrates umlegen und falzen.

3 Nun das Quadrat umdrehen und erneut alle vier Ecken nach innen falten, so daß sich deren Spitzen im Mittelpunkt treffen.

4 Die fertige Figur öffnen, indem Sie Daumen und Zeigefinger unter die vier Klappen auf der Rückseite schieben und jeweils zwei Ecken an einem Punkt zusammendrücken. Mit Stickern bekleben, mit bunten Stiften bemalen oder auch Geheimbotschaften unter die Falten schreiben.

Schwebende Vögel

AUS PAPIER

LEICHT

Diese elegant dahinschwebenden Papiervögel bestehen aus Buntpapier, das mit ein paar Kniffen entsprechend gefaltet wird. Eine einfache Handbewegung genügt, und sie beginnen, mit den Flügeln zu schlagen. Mehrere Vögel, individuell verziert, ergeben ein reizvolles Mobile fürs Fenster.

WAS SIE BRAUCHEN

- **Dünne Buntpapier-Quadrate, Seitenlänge 24 cm**
- **2 kleine Glöckchen und feinen Draht (wahlweise)**

1 Das Papierquadrat diagonal zu einem Dreieck falten. Dieses erneut falten, so daß ein kleineres Dreieck entsteht.

2 Den zweiten Falz öffnen, so daß wieder das erste Dreieck vor Ihnen liegt. Die eine Hälfte flach drükken, die Hand unter die andere Hälfte schieben und diese so auffalten und umlegen, daß das unten gezeigte Quadrat entsteht. Nun das Gebilde umdrehen, die Hand unter die andere Hälfte des Dreiecks schieben und dieses sauber zu einem Quadrat falten, das genau über dem anderen liegt.

3 Das Quadrat so legen, daß die geschlossene Ecke oben liegt. Dann die obere Lage wie dargestellt beidseitig nach innen legen und fest umfalzen.

4 Die offene Ecke gut festhalten und die obere Lage anheben und vorsichtig nach hinten knicken, so daß eine Rautenform entsteht.

5 Anschließend die Figur umdrehen und die Schritte 3 und 4 wiederholen.

6 Die unteren Spitzen ein Stückchen unterhalb der Mitte nach oben zwischen die offenen, stumpfen Ecken der Raute falten. Dies ist der sogenannte »Rückfalz«.

7 Eines der soeben hochgefalteten Stücke zwischen dem Falz ein Stück nach unten umknicken, um den Kopf anzudeuten.

8 Halten Sie das Gebilde nun an den beiden unteren Punkten zwischen Daumen und Zeigefinger fest und bewegen Sie die Hände vorsichtig aufeinander zu und voneinander weg – und schon beginnt der Papiervogel zu flattern! Wer mag, kann an jeder Flügelspitze mit feinem Draht ein Glöckchen befestigen.

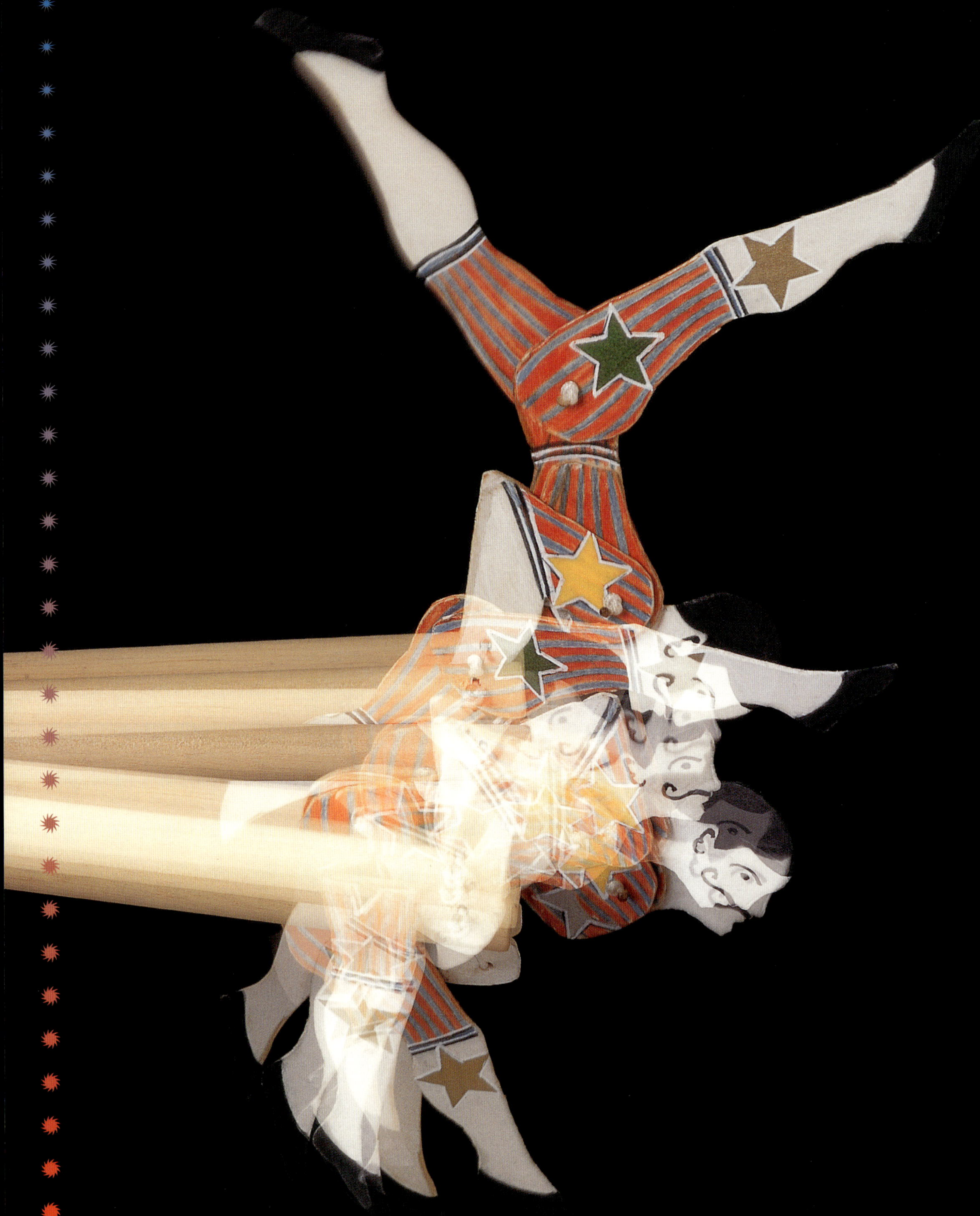

LUSTIGER KUNSTTURNER

AUS KARTON UND HOLZ

MITTELSCHWER

Diese Figur ist im Stil des 19. Jahrhunderts gehalten und vollbringt wahre Hochleistungen! Wenn Sie die Seitenstäbe unten zusammendrücken, vollführt der muntere Akrobat einen Purzelbaum nach dem anderen, vorwärts und rückwärts! Wenn das Spielzeug länger halten soll, wäre Holz besser als Karton.

WAS SIE BRAUCHEN

- **Pauspapier**
- **Einfachen weißen Karton, 15 × 22 cm**
- **2 Dübelstäbe, 12 mm Durchmesser, 30 cm lang**
- **1 Dübelstab, 6 mm Durchmesser, 5,5 cm lang**
- **1 Holzperle**
- **2 kurze Tapezierstifte**
- **Kordel**
- **Doppelseitiges Klebeband**
- **Buntstifte**
- **Selbstklebesternchen**
- **Schere**
- **Weißleim**
- **Bohrgerät**
- **Bohrer: entsprechend den Dübelstäben sowie einen ganz dünnen**
- **Lochzange**
- **Künstlerpinsel**
- **Sandpapier, feinkörnig**
- **Schlosserhammer**
- **Dünnen Draht**
- **Drahtuntersetzer als Ablage**
- **Cutter, scharf (wahlweise)**

1 Anhand der Vorlage auf S. 122 die Umrisse von Körper (1x), Brustteil (2x), Armen (2x) und Beinen (2x) auf den Karton übertragen. Dabei die Bohrmarkierungen nicht vergessen! Diese sieben Formen mit der Schere oder einem scharfen Messer ausschneiden. Rauhe Kanten mit Sandpapier glätten.

2 Auf dem Körper mit doppelseitigem Klebeband rechts und links jeweils eines der kleinen Brustteile festkleben.

3 Die einzelnen Körperteile auf beiden Seiten mit Buntstiften oder Wachsmalstiften bemalen. Die Unterarme und die Waden weiß lassen, um ein altmodisches Turnertrikot anzudeuten. Mit den Klebesternchen verzieren.

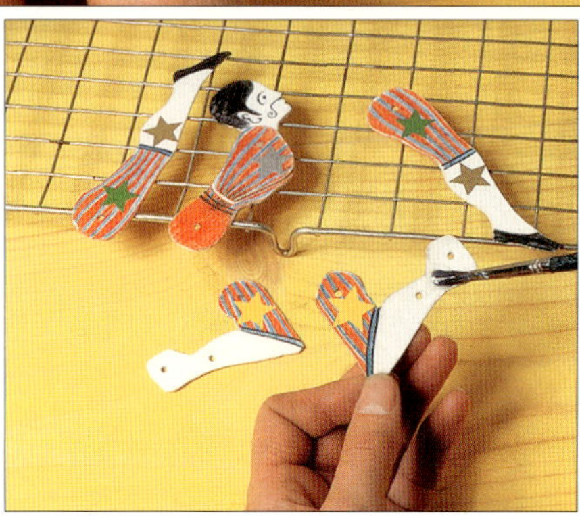

4 Mit der Lochzange die markierten Löcher durchstoßen, die nur wenig größer als die Kordel sein dürfen. Die Körperteile mit unverdünntem Weißleim streichen und auf dem Drahtgestell trocknen lassen.

5 Ein Ende der Kordel verknoten und damit an jeder Körperseite ein Bein befestigen. Das zweite Kordelende auf der anderen Seite so körpernah wie möglich zuknoten. Das geht am besten mit Hilfe eines kurzen Drahtstückes. Beide Knoten mit Leim versiegeln.

6 In jeden der beiden 30 cm langen Dübelstäbe jeweils 9 cm vom unteren Ende entfernt ein 6 mm-Loch bohren. Zum Fixieren der Stäbe eine selbstgefertigte Zwinge verwenden (siehe S. 10–11). An dieser Stelle befindet sich der Drehpunkt. Zum Durchfädeln der Kordel in jeden Holzstab noch zwei weitere, dünne Löcher bohren. Diese müssen nebeneinander sowie etwa 1 cm vom anderen Stabende entfernt und parallel zu den 6 mm-Löchern liegen.

7 Die Enden des kleinen Dübelstabes in die Drehpunkte einleimen. Vorsichtig vorbohren und den entstandenen Steg mit den Tapezierstiften zusätzlich fixieren.

8 Die Holzperle zwischen die Hände kleben, dabei aber nicht die Löcher für die Kordel überdecken! Diese nun durch das vordere Loch einer der Seitenstäbe fädeln, dann weiter durch die Hände und durch das vordere kleine Loch am zweiten Seitenstab hindurchführen. Von dort zurück durch das zweite kleine Loch, durch die Armlöcher und wieder durch den Seitenstab führen. Das Kordelende nicht allzu straff ziehen und verknoten. Nun die Seitenstäbe unten behutsam zusammendrücken, um die Bewegung zu testen. Die Kordelspannung so lange variieren, bis die Spielfigur einwandfrei funktioniert. Dann die Knoten mit einem Tropfen Klebstoff versiegeln.

HOLZAKROBAT

AUS DÜBELSTÄBEN UND SPANPLATTE

MITTELSCHWER

Dieser putzige Akrobat sieht komplizierter aus als der vom vorigen Projekt, ist aber – obwohl Sie mehr Materialien und Werkzeuge benötigen – eigentlich genauso einfach. Wie bei jedem Spielzeug gilt auch hier: Je präziser Sie sägen und bohren, desto besser funktioniert es.

WAS SIE BRAUCHEN

- **1 Dübelstab, 12 mm Durchmesser, 70 cm lang**
- **davon folgende Stücke abschneiden:**
- **2 Stücke, 20 cm (Pfosten)**
- **2 Stücke, 6 cm (Arme)**
- **2 Stücke, 7 cm (Beine)**
- **1 Stück, 4 cm (Kurbel)**
- **1 Dübelstab, 6 mm Durchmesser, 24 cm lang**
- **davon folgende Stücke abschneiden:**
- **1 Stück, 1,9 cm (Hals)**
- **1 Stück, 9,5 cm (Griffstange)**
- **1 Stück, 4,5 cm (Schultern)**
- **2 Stücke, 4 cm (Hüfte und Kurbelgriff)**
- **1 Dübelstab, 19 mm Durchmesser, 6 cm lang (Körper)**
- **1 Holzkugel, 25 mm Durchmesser**
- **1 Spanplatte, 12 mm, Seitenlänge 12 cm (Sockel)**
- **Weißleim**
- **Acrylfarben**
- **Wachspolitur**
- **Künstlerpinsel**
- **Kleine Bügelsäge**
- **Bohrgerät**
- **Bohrer: entsprechend den Dübelstäben**

1 Die Holzstücke in den angegebenen Längen von den Dübelstäben abschneiden. Hierzu die selbstgefertigte Spannvorrichtung (siehe Seite 10) verwenden, damit die Stäbe beim Sägen nicht wegrollen.

2 In die Sockelplatte zwei 12 mm-Löcher bohren, die 7 cm auseinander liegen. Die beiden Pfosten 16 mm von einem Ende entfernt jeweils mit dem 6 mm-Bohrer durchbohren. Die Pfosten – mit den Bohrungen am oberen Ende – in den Sockel stecken, aber noch nicht festleimen. Den 6 cm langen Körperstab oben und unten genau parallel mit einem 6 mm-Loch durchbohren. Die Holzkugel und die obere Schnittfläche des Körperstabes mit einem 6 mm-Bohrer anbohren und beide Teile mit dem 1,9 mm langen Dübel verbinden. Vorsicht – nicht die Schulterbohrung zerstören. Den Halsdübel einleimen. Durch jeden Beinstab 12 mm von einem Ende entfernt ein 6 mm-Loch anbohren. Die Armstäbe werden an beiden Enden (Schulter- und Handende) möglichst nahe an den Schnittflächen mit einem 6 mm-Bohrer durchbohrt. In den 4 cm langen Kurbelstab wird an jedem Ende ein 6 mm-Loch gebohrt.

3 Auf den Körper mit Acrylfarben ein gestreiftes Turntrikot und Turnschuhe aufmalen. Als Alternative können Sie das Holz auch unbemalt lassen und einfach nur mit Wachspolitur einreiben.

4 Das eine Ende des Hüftstäbchens in eines der Beine einleimen, dann das andere Ende durch den Körper hindurch in das andere Beinloch schieben und festleimen. Die Beine müssen sich frei bewegen können!

5 Auf dieselbe Weise werden Arme und Schulterstäbchen befestigt. Kontrollieren Sie, ob sich Arme und Beine parallel zueinander drehen. Die fertige Figur beiseite legen und trocknen lassen. Nun die Kurbelteile und die 9,5 cm lange Griffstange zusammenstecken, festleimen und ebenfalls trocknen lassen.

6 Schieben Sie die Griffstange durch einen der Pfosten und durch beide Hände hindurch. Dann in das Loch des anderen Pfostens stecken. Die Anordnung so justieren, daß sich die Kurbel ungehindert drehen läßt. Nun werden die Pfosten im Sockel und die Hände an der Griffstange festgeleimt. Gut trocknen lassen.

7 Rauhe Kanten mit Sandpapier glätten, und zum Schluß alle Teile mit Wachspolitur einreiben.

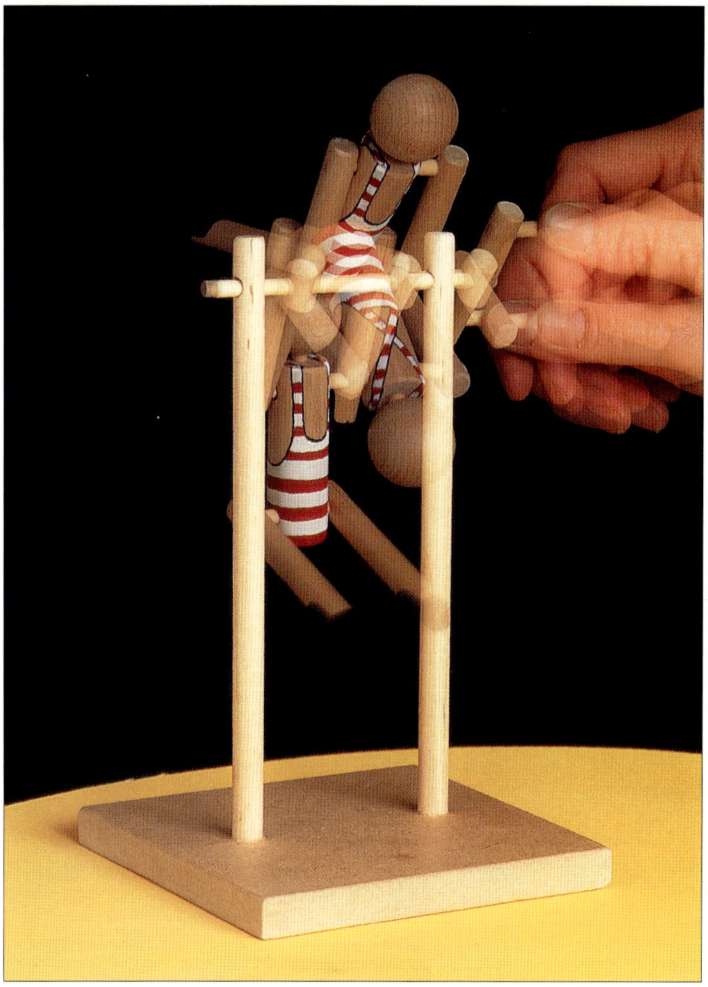

TANZENDE KREISEL

AUS KARTON UND HOLZ

LEICHT

In fast allen Kulturen der Erde gehören Kreisel zu den beliebtesten Kinderspielzeugen – die ältesten Funde stammen aus der Zeit um 2000 v. Chr. Diese einfache Ausführung ist in wenigen Minuten fertig und kann mit den Fingern oder mit einer Schnur in Drehung versetzt werden.

WAS SIE BRAUCHEN

- **Dickes Kartonquadrat, 10 cm Seitenlänge**
- **Sechseckigen Bleistift**
- **Dübelstab, 8 mm Durchmesser, 15 cm lang (Starter)**
- **2 Ösenschrauben, 16 mm**
- **1 Dübelstück, 6 mm Durchmesser, 5 cm lang**
- **Buntstifte**
- **Kordel oder Schnur, 50 cm lang**
- **Sandpapier, feinkörnig**
- **Zirkel**
- **Schere**
- **Bohrgerät**
- **Bohrer: entsprechend den Dübelstäben**
- **Cutter, scharf**
- **Ahle**

1 Auf dem Karton mit dem Zirkel einen Kreis zeichnen. Bei gleicher Einstellung den Zirkel auf der Kreislinie aufsetzen und diese in sechs gleich große Segmente unterteilen, die durch leicht gekrümmte Zirkellinien markiert werden. Die jeweils gegenüberliegenden Markierungen durch Linien miteinander verbinden, die sich alle in der Mitte kreuzen.

2 Die sechs Felder mit Buntstiften in Primär- und Sekundärfarben ausmalen, so daß ein Farbenrad entsteht.

Kreisel gibt es in allen nur erdenklichen Größen, Formen und Farben – die hier gezeigten sind also nur als Anregung gedacht. Die Kreisel auf der linken Seite entstanden alle aus Holzresten und Materialien, die bei den anderen Projekten aus diesem Buch übrig geblieben waren. Probieren Sie doch einmal einen sechseckigen Kreisel, bemalen sie ihn mit Buchstaben und verwenden Sie diesen als Würfel!

3 Einen sechseckigen Bleistift mit einem scharfen Cutter auf 10 cm Länge abschneiden. Etwa 3 cm vom Ende entfernt ein Loch bohren. Dieses muß weit genug sein, daß die Kordel bzw. die Schnur gut hindurchpaßt. Den Bleistift anspitzen und diese Spitze durch die Mitte des Farbkreises stoßen.

4 Den 8 mm-Dübel an einem Ende mit einem feinen Bohrer oder mit der Ahle im Abstand von 5 cm zweimal anbohren. Dort die beiden Ösenschrauben einschrauben und so drehen, daß die Öffnungen parallel zum Stab verlaufen. Den 6 mm-Dübel in der Mitte durchbohren. Durch dieses Loch die Kordel fädeln und auf der anderen Seite verknoten.

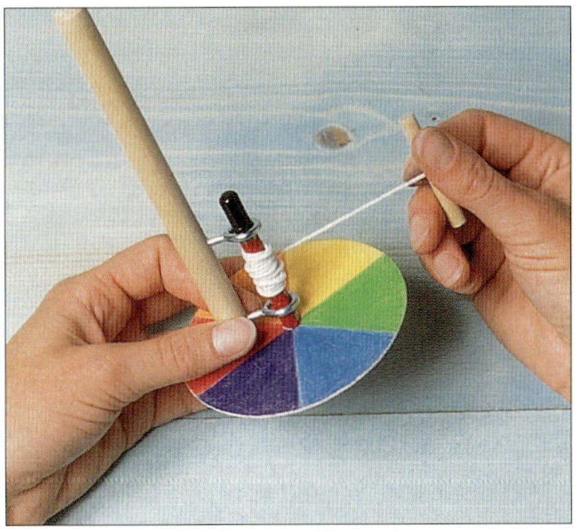

5 Den Bleistift durch die beiden Ösen schieben und das andere Kordelende durch die Bleistiftbohrung führen. Die Kordel um den Bleistift wickeln. Den Stab, der den Kreisel zunächst führen soll, gut festhalten und dann kräftig an dem kleinen Griff ziehen, um den Faden abzuspulen und den Kreisel freizudrehen.

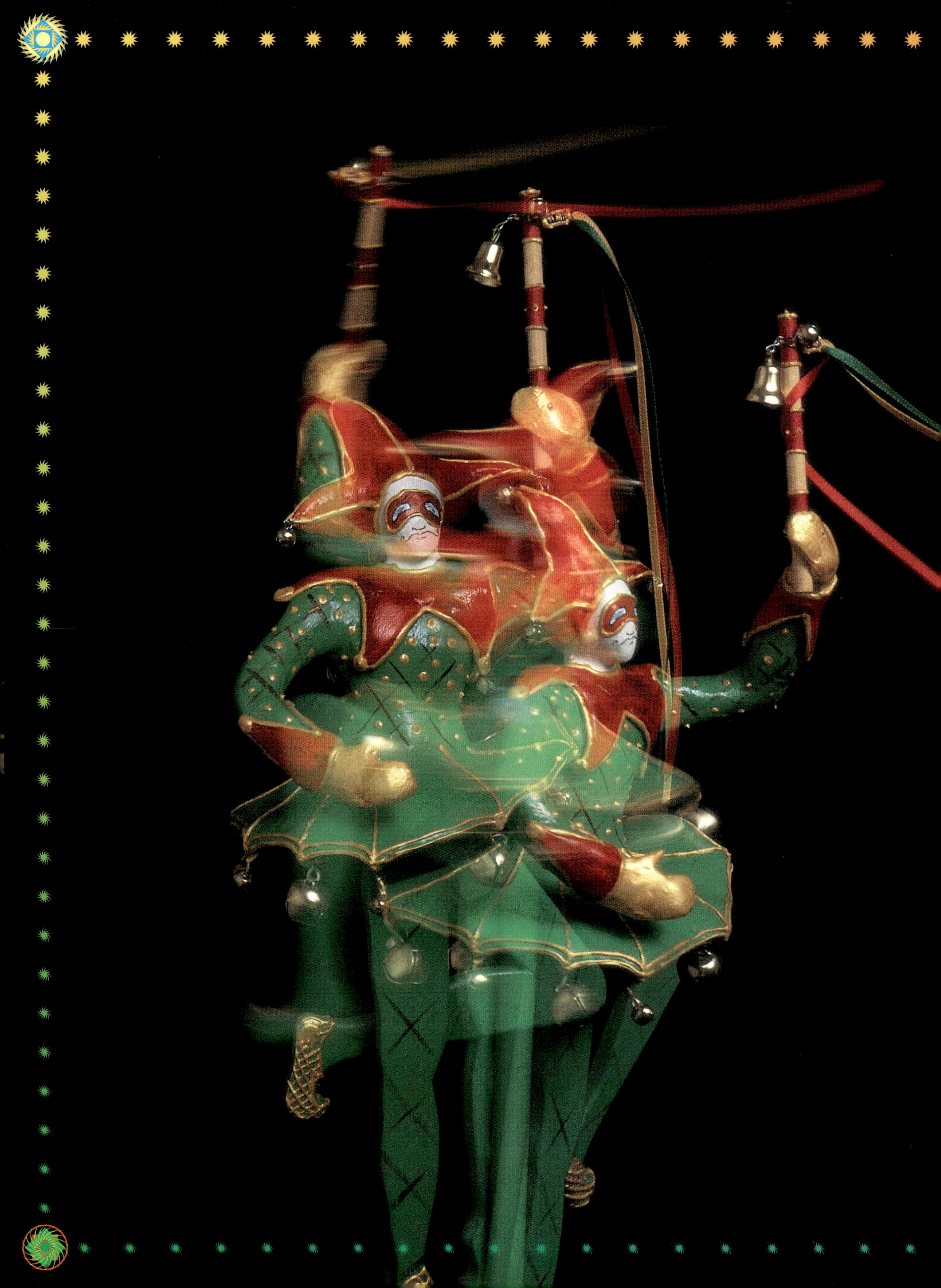

TANZENDER HARLEKIN

AUS LUFTTROCKNENDEM TON

ANSPRUCHSVOLLER

Die nachstehende Anleitung gibt Ihnen die Gelegenheit, sich einmal als Bildhauer zu versuchen! Diese bezaubernde Tanzfigur erfordert zwar etwas Zeit und Geduld, aber Sie werden erstaunt sein, wie gut Sie mit dem Modellierton zurechtkommen und wie rasch die Figur Gestalt annimmt.

WAS SIE BRAUCHEN

- Dünnen Karton und Pauspapier
- Bildhauerdrahtgeflecht, 30 × 20 cm
- Ein Päckchen lufttrocknende Modelliermasse
- 1 Dübelstab, 10 mm Durchmesser, 40 cm lang
- 1 Dübelstab, 6 mm Durchmesser, 10 cm lang
- 1 Dübelstab, 6 mm Durchmesser, 8 cm lang
- 1 Span- oder Sperrholzplatte, 6 mm, 20 × 10 cm
- 1 Weichholzplatte, 12 mm, 7 × 7 cm
- 2 kleine Holzkugeln
- 1 Griffknopf aus Holz
- 1 Holzscheibe, 60 mm Durchmesser
- Kupferdraht mittlerer Stärke
- Nylonschnur, 30 cm
- Kleine Unterlegscheibe
- Holzleim
- Sicherungsdraht, 15 A
- Bunte Bändchen
- Messingglöckchen in zwei Größen
- Weiße Dispersionsfarbe
- Acryl- oder Plakafarben
- Wachspolitur
- Polyurethan-Klarlack
- Konturenstift in Gold
- Künstlerpinsel
- Sandpapier, feine Körnung
- Schere
- Heißklebepistole
- Schutzbrille und Atemschutz
- Bohrgerät
- Bohrer: entsprechend den Dübelstäben; zusätzlich: 3 mm, 12 mm, den größten verfügbaren sowie einen ganz feinen
- Laubsäge
- Schraubzwinge
- Zange
- Cutter, scharf

1 Anhand der Pausvorlagen auf S. 123 die Schablonen für den Körper und die Beine anfertigen. Die Körperschablone auf das Drahtgeflecht legen und die Umrisse nachzeichnen. Die Figur mit einer scharfen Schere ausschneiden.

2 Nun wird das Stützgerüst geformt: Zunächst die Seitenteile des Kopfteils zur Mitte biegen und das Drahtmaterial mit den Fingern zu einem Oval formen. Die darunterliegenden Armteile der Länge nach zusammenrollen, so daß rechts und links eine Art waagrechte Röhre entsteht.

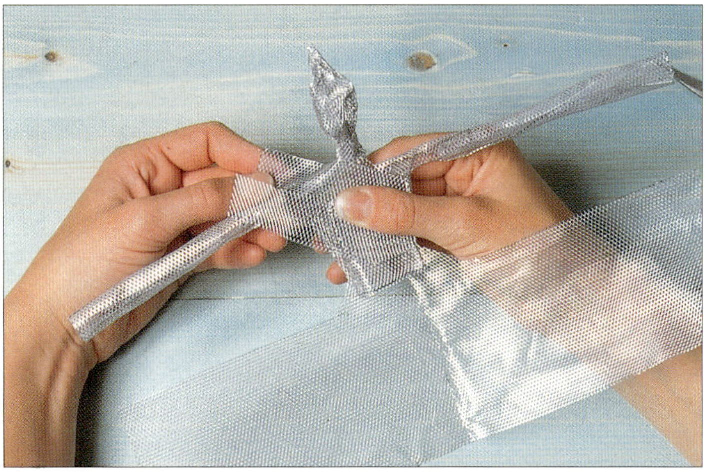

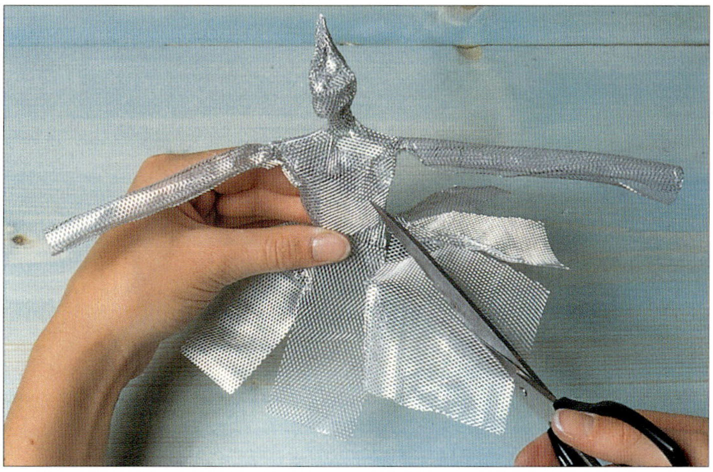

3 Rollen Sie nun die nächsten Körperabschnitte von rechts und links nach innen und biegen Sie diese so zurecht, daß ein Körper entsteht. Eventuelle Fehler lassen sich beheben, indem Sie über die betreffende Stelle einfach einen kleinen Streifen aus Drahtgeflecht legen und diesen entsprechend formen.

4 Der Rock wird aus dem letzten Stück Drahtgeflecht geformt. Dieses zu einem breiten Zylinder zusammenrollen und mit der Schere mehrmals bis zur Taille einschneiden und die Segmente schirmförmig nach außen biegen. Die Ränder des Drahtgeflechtes zurechtbiegen bzw. abschneiden, bis der Rock die gewünschte Form und Größe hat.

5 Die Armenden flach drücken, um die Hände anzudeuten. Den linken Arm nach oben in Richtung Kopf biegen, den anderen nach unten in Richtung Taille.

6 Am Kopf beginnend drücken Sie nun mit den Fingern nach und nach kleine Tonklumpen in das Drahtgeflecht hinein. Auf diese Weise wird die Figur allmählich aufgebaut. Den Rocksaum vorläufig frei lassen. Besprühen Sie den Ton gelegentlich mit etwas Wasser, damit er weich und modellierfähig bleibt.

7 An jedem Glöckchen ein kleines Stück Draht befestigen. Jeweils ein Drahtende durch das Drahtgeflecht am Rocksaum stoßen und mit dem anderen Ende verdrillen. Auf die Oberfläche und Unterseite des Rocks Ton auftragen. In der Mitte eine Öffnung frei lassen, durch die der lange Dübelstab hindurchpaßt.

8 Einen kleinen Tonklumpen zwischen den Handflächen rollen. Das eine Ende flach drücken und das andere zu einer Spitze formen. Vier von diesen Gebilden herstellen und mit etwas Wasser am Kopf befestigen, um den vierspitzigen Hut des Harlekins nachzubilden. An der am höchsten gelegenen Hutspitze mit feinem Draht ein Glöckchen befestigen. Die anderen drei werden später angebracht, damit die Figur während der weiteren Bearbeitung nicht instabil wird.

9 Aus flach gedrückten Tondreiecken den Zipfelkragen und die Manschetten formen und mit etwas Wasser am Körper befestigen. Die fertig modellierte Figur gut trocknen lassen.

10 Mit feinkörnigem Sandpapier rauhe Kanten glätten und eventuelle Fehler korrigieren. Mit dem ganz feinen Bohrer kleine Löcher in die drei übrigen Hutspitzen bohren und jeweils ein Glöckchen anbringen.

11 Anhand der Schablonen die beiden Beine auf die Span- oder Sperrholzplatte übertragen. Schutzbrille und Atemschutz anlegen, das Holz an einer soliden Unterlage festklemmen und die beiden Formen mit der Laubsäge ausschneiden. Am Ende der Oberschenkel jeweils ein Loch bohren, das etwas weiter als der Kupferdraht ist.

12 Den langen Dübelstab in die Figur hineinschieben. Das ausgestreckte Bein mit der Heißklebepistole am Stab fixieren. Die Öffnung mit Klebstoff ausfüllen, um den Haltestab fest mit dem Körper zu verbinden. Trocknen lassen. Kleine Tonklumpen flach drücken und den Klebstoffbereich damit überdecken.

13 Die Figur und das angezogene Bein mit weißer Dispersionsfarbe grundieren und trocknen lassen. Anschließend Figur und Stab mit einer Grundfarbe bemalen.

14 Hut, Zipfelkragen und Manschetten mit einer Kontrastfarbe bemalen. Mit einem feinen Pinsel das feine Netzmuster am Körper und an den Beinen aufmalen.

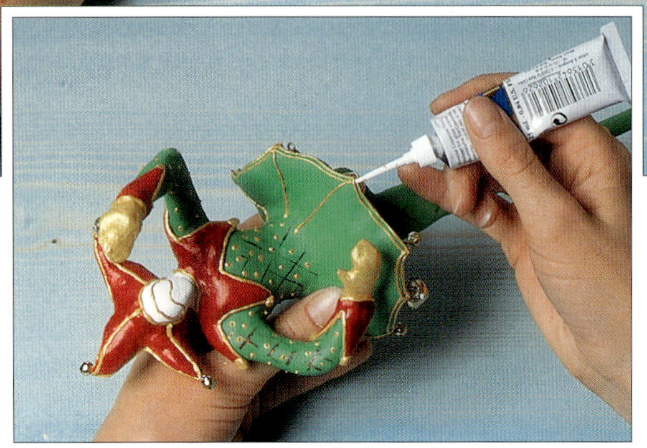

15 Wenn die Farben vollständig trocken sind, werden mit dem goldenen Konturenstift die feineren Details an der Kleidung aufgemalt und die Schuhe angedeutet.

16 Die beiden Beine in Hüfthöhe mit einem Stück Kupferdraht zusammenfügen: Diesen an einem Ende einrollen, dann das andere Ende durch die rechte Hüfte, die kleine Unterlegscheibe (die als Abstandshalter fungiert) und dann durch die andere Hüfte hindurchschieben. Das überstehende Drahtstück mit der Zange so einbiegen, daß es nicht zurückrutschen kann.

17 Mit dem größten Bohrer, den Sie haben, ein Loch in die Mitte der quadratischen Weichholzplatte bohren. Das Holzstück mit einem scharfen Cutter zu einem Ring schnitzen. Diesen mit einem 12 mm-Bohrer einmal von oben nach unten durchbohren.

18 Den Ring, die Holzscheibe, den Griffknopf und die Holzkugeln bemalen. In die Mitte der Holzscheibe ein 12 mm großes Loch bohren und diese auf den Haltestab bis zur Fußspitze schieben und festleimen. Ebenso den Holzring an der Scheibe festleimen. Von der Seite mit einem 3 mm-Bohrer eine Ringhälfte und den Haltestab durchbohren. Den Griffknopf mit dem 10 mm-Bohrer anbohren und am Stabende festleimen. Die ganze Figur mit Klarlack streichen. Nach dem Trocknen die Unterseite der Scheibe, den Haltestab innerhalb des Ringes sowie das Oberteil des Ringes mit Wachspolitur einreiben, damit diese Teile besser gleiten.

19 Jede der Holzkugeln mit dem 6 mm-Bohrer zur Hälfte anbohren und in einer beliebigen Farbe streichen. Nach dem Trocknen die Kugeln auf die Enden des 8 cm langen Dübelstabes stecken und festleimen. Den Stab in der Mitte dünn durchbohren. Die 30 cm lange Nylonschnur an einem Ende verknoten und versiegeln. Das andere Ende erst durch das Loch im Zugstab, dann durch das kleine Loch im Holzring und schließlich durch den Haltestab führen. Das Schnurende verknoten und versiegeln. Zum Schluß den 10 cm langen Dübelstab farbig bemalen, mit einem Glöckchen und Bändern verzieren und diesen als Zierstab in der linken Hand des Harlekins festkleben. Die Nylonschnur aufwickeln und dann an der Zugstange ziehen – und schon dreht sich der »Tanzende Harlekin« leise bimmelnd und mit flatternden Bändchen im Kreis herum!

BUNTE WINDRÄDER

AUS PAPIER

LEICHT

Diese farbenfrohen Windräder sind ganz einfach herzustellen und wunderschön anzuschauen, wenn sie sich im Winde drehen. In verschiedenen Farben und Größen wirkt diese simple Ausführung in einer Gruppe angeordnet besonders reizvoll!

WAS SIE BRAUCHEN

- **Buntpapierbögen, Seitenlänge 24 cm**
- **Dübelstäbe beliebiger Durchmesser, 30 cm lang**
- **Doppelseitiges Klebeband**
- **Zirkel**
- **Lineal**
- **Schere**
- **Bleistift**
- **Metallösen**
- **Große Posternadeln**
- **Schlosserhammer**

1 Zwei Bögen Buntpapier an den Rückseiten zusammenkleben und ein Quadrat von 24 cm Seitenlänge ausschneiden. Mit Lineal und Bleistift von einer Ecke zur gegenüberliegenden jeweils eine Diagonale ziehen. Die Zirkelspitze im Mittelpunkt aufsetzen und einen Kreis von 14 cm Durchmesser ziehen.

2 Von jeder Ecke aus 7 cm nach links abmessen und diese Punkte markieren. Die Zirkelspitze auf der Kreislinie und die Zirkelmine auf einen markierten Punkt aufsetzen. Einen Bogen zeichnen, der die beiden Punkte miteinander verbindet. Entlang dieser Linien schneiden.

3 Die Bleistiftlinien wegradieren und 1 cm diagonal von jeder Ecke entfernt ein kleines Loch durchstoßen. Die vier Ecken zur Mitte biegen und die Spitzen jeweils mit einem Stückchen doppelseitigem Klebeband übereinander fixieren. Die gebogenen Teile nicht glattstreichen!

4 Die Öse in die Mitte des Windrads und durch alle Löcher durchstecken. Mit dem Hammer vorsichtig festklopfen, so daß sich der hintere Ösenteil flach umbiegt und die Papierlagen zusammenhält.

5 Zum Dekorieren der Mitte aus dem Buntpapier einen kleinen Kreis ausschneiden. Das Windrad mit einem langen, bunten Posterpin durch Kreis und Öse hindurch an dem Holzstab befestigen – aber nicht so fest, daß sich das Windrad nicht frei drehen kann.

DER FLEISSIGE HOLZFÄLLER

AUS WEICHHOLZ UND SPERRHOLZ

ANSPRUCHSVOLLER

Dieser selbstgeschnitzte Holzfäller dient gleichzeitig als Windanzeiger und wird Ihnen lange Freude bereiten. Ob Regen, ob Sonne – er verrichtet bei jedem Wetter unermüdlich seine Arbeit und braucht nur hin und wieder neu lackiert zu werden.

1 Fertigen Sie anhand der Vorlagen auf S. 124 die Schablonen für die Arme, die Schulterabstandshalter, den Körper und die Windradflügel an. Arme und Schulterteil auf das Sperrholzquadrat übertragen. Legen Sie die Körperschablone so auf das Weichholzstück, daß Astlöcher möglichst außerhalb liegen, da sich diese Stellen nur schwierig sägen und schnitzen lassen. Körperumrisse mit Bleistift nachzeichnen.

WAS SIE BRAUCHEN

- **Dünnen Karton und Pauspapier**
- **Bleistift**
- **1 Sperrholzplatte, 6 mm, Seitenlänge 15 cm (Arme und Schulterteil)**
- **Weichholzrest, 3,5 cm, mind. 26 × 13 cm (Körper)**
- **1 Sperrholzplatte, 19 mm, 35 × 20 cm (Sockel)**
- **1 Sperrholzplatte, 1,5 mm, 14 × 32 cm (Windradflügel)**
- **1 Holzscheibe, 70 mm Durchmesser (Flügelnabe)**
- **2 Dübelstäbe, 16 mm Durchmesser, 30 cm lang (Windrad-Pfosten)**
- **1 Stück Sperrholz, 6 mm, 8 × 16 mm**
- **Schweißstab oder kräftiger Draht, 30 cm lang**
- **Drahtstück, 24 cm lang (z. B. Drahtbügel)**
- **2 kurze Aststücke, das eine 60 mm, das andere 30 mm im Durchmesser**
- **2 Messingschraubbolzen, 3 mm dick, 5 cm lang**
- **4 Muttern, 3 mm**
- **7 Unterlegscheiben**
- **Schraubklemmmanschette für elektrische Anschlußdrähte**
- **6 Schrauben, 3,5 mm**
- **Tapezierstifte**
- **Weißleim**
- **Acrylfarben**
- **Polyurethan-Klarlack (für Außenbereich)**
- **Künstlerpinsel**
- **Schraubzwinge**
- **Cutter, scharf, mit Ersatzklingen**
- **Stahllineal**
- **Schneidematte**
- **Bohrgerät**
- **Bohrer: entsprechend den Dübelstäben und Bolzen sowie einen ganz feinen**
- **Kräftige Zange**
- **Schnabelzange**
- **Kleinen Hammer**
- **Laubsäge**
- **Schutzbrille und Atemschutz**

2 Klemmen Sie das Weichholz an der Arbeitsfläche fest. Legen Sie Schutzbrille und Atemschutz an und sägen Sie die Form aus. Es macht nichts, wenn die Konturen nicht ganz perfekt sind – sie werden später zurechtgeschnitzt.

3 Von jeder Ecke der Sockelplatte 5 cm abmessen und die Ecken schräg abschneiden. Das Lineal 19 mm von einer der Schmalseiten entfernt parallel zur Kante auflegen und eine Bleistiftlinie ziehen. Auf dieser zwei Punkte markieren, die etwa 5 cm auseinander liegen und mit dem 16 mm-Bohrer anbohren. Verwenden Sie einen Bohrständer, damit die Bohrlöcher genau senkrecht verlaufen. Den Sockel beidseitig in einem kräftigen Farbton streichen und trocknen lassen.

4 Den Holzkörper in die Hand nehmen und die Kanten behutsam wegschnitzen. Möglichst nicht zu tief in die Maserung hineinschnitzen und stets mit einer scharfen Klinge arbeiten. Wechseln Sie diese aus, sobald sie stumpf wird. Schnitzen Sie Nase, Kinn und Hut zurecht, bis Sie mit dem Ergebnis zufrieden sind. Ein paar Schnittspuren dürfen bei dieser handgearbeiteten Schnitzfigur ruhig noch zu sehen sein.

5 Den Körper in Schulterhöhe mit dem 3 mm-Bohrer durchbohren. Das Loch auf der linken Seite vorsichtig erweitern, damit der Bolzenkopf hineinpaßt. Das andere Loch oben so erweitern, daß die Mutter darin versenkt werden kann. Dann den Bolzen einführen und die Mutter festziehen, bis diese nicht mehr aus dem Holz vorsteht. Die Mutter mit etwas Leim fixieren. Den Schulterabstandshalter mit dem 3 mm-Bohrer durchbohren, über den Bolzen führen, über der Mutter positionieren und festkleben. In den Oberarm an der Schulter und knapp über dem Ellenbogen jeweils ein 3 mm großes Loch bohren.

6 Nun wird der Körper bemalt. Verwenden Sie dazu möglichst verdünnte, wasserlösliche Farben, damit die dekorative Holzmaserung nicht überdeckt wird. Stellen, die im Schatten liegen würden, werden mit dunkleren Farben angedeutet. Andere Stellen können Sie geschickt aufhellen, indem Sie dort mit einem feuchten Tuch vorsichtig etwas Farbe abnehmen.

7 Unterarme, Hände und Gesicht bleiben unbemalt. Die Stiefel tiefschwarz und das Hemd mit einer Schicht Weiß bemalen. Die Farbe trocknen lassen. Dann die Karos auf das Hemd pinseln sowie die Axt bemalen. Arme und Körper mindestens zweimal mit Klarlack streichen – besonders sorgfältig an den Stellen, die nach Fertigstellung der Figur nicht mehr zugänglich sind, wie die Schultergelenke und die Schuhsohlen.

8 Einen der Bolzen auf eine Länge von 10 mm absägen und mit einer Mutter an einem Ellenbogen befestigen. Auf den Schulterbolzen zwei Unterlegscheiben schieben, darauf den Arm stecken, dann eine weitere Unterlegscheibe und schließlich eine Mutter zufügen. Diese nur so weit anziehen, daß der Arm frei schwingen kann. Anschließend die Muttern mit einem Tropfen Klebstoff fixieren.

9 Mit der Schnabelzange jedes Ende des 24 cm langen Drahtstückes zu einer Öse biegen. Etwa 4 cm vom Ende des 30 cm langen Schweißstabs entfernt mit der anderen Zange einen rechtwinkligen Knick biegen und den Draht weiter formen, bis ein »U« entstanden ist und die beiden äußeren Stücke wieder eine Achse bilden.

10 Die Dübelstäbe oben jeweils etwa 3 cm vom Ende entfernt mit einem 3 mm-Bohrer durchbohren. Eine der Ösen des Drahtstückes (Abtrieb) auf den U-förmig gebogenen Schweißstab (Antriebswelle) fädeln. Die beiden Seitenstücke dieser Antriebswelle werden dann durch die Löcher in den Dübelstäben gesteckt. Diese beiden Pfosten in die Bohrungen auf der Sockelplatte einklopfen. Achten Sie darauf, daß sich die Antriebswelle ungehindert bewegen kann.

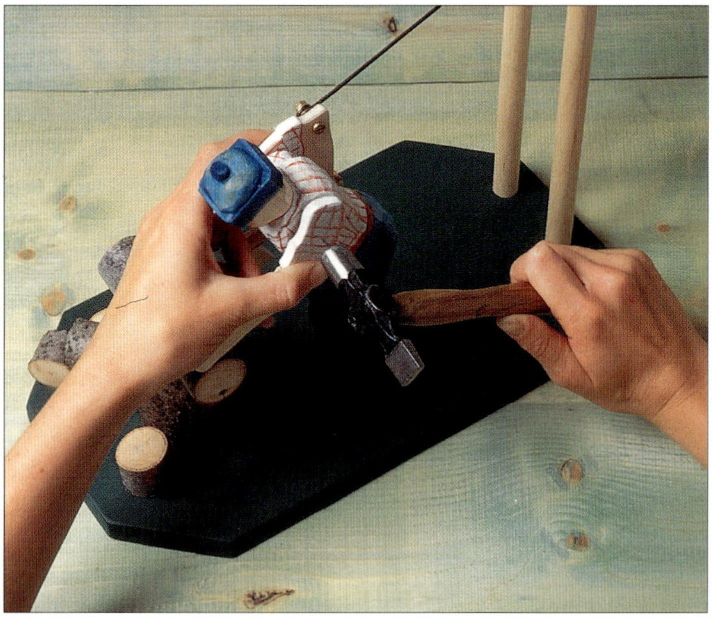

11 Die andere Drahtöse lose am rechten Ellenbogen der Figur befestigen und durch Herumprobieren die Position ausfindig machen, in der sich der Arm am besten bewegt. Die Umrisse der Schuhe nachziehen und die Sockelplatte dort nach unten durchbohren. Die Figur wieder positionieren und von unten durch den Sockel hindurch in die Schuhe hineinbohren. Die Figur von oben festleimen und von unten festschrauben.

12 Nun wird der Abtrieb am Arm befestigt: Auf jede Seite der Drahtöse eine Unterlegscheibe schieben, dann die Mutter aufschrauben. Diese nur so weit festziehen, daß sich der Arm noch frei bewegen kann. Die Mutter mit etwas Klebstoff fixieren. Die Aststücke in entsprechende Teile schneiden, aufkleben und mit Tapezierstiften fixieren. Den linken Arm so positionieren, daß er ein Holzstück zu halten scheint, dann an der Schulter festkleben und mit einem Tapezierstift sichern.

13 Achtmal die Umrisse der Windradflügel per Schablone auf die 1,5 mm starke Spanplatte übertragen und mit dem Stahllineal und einem sehr scharfen Cutter ausschneiden.

14 Die Holzscheibe mit Hilfe von Bleistift und Lineal auf einer Seite in acht gleich große Segmente unterteilen. Das gleiche auf der anderen Seite durchführen – diese jedoch um etwa 10 mm versetzt zu denen auf der ersten Seite. Die Striche über den Scheibenrand diagonal miteinander verbinden. Die Holzscheibe im Schraubstock festklemmen und die acht Linien jeweils etwa 10 mm tief einsägen. Anschließend werden die Flügel wie gezeigt in diese Rillen gesteckt und festgeleimt. Gut trocknen lassen.

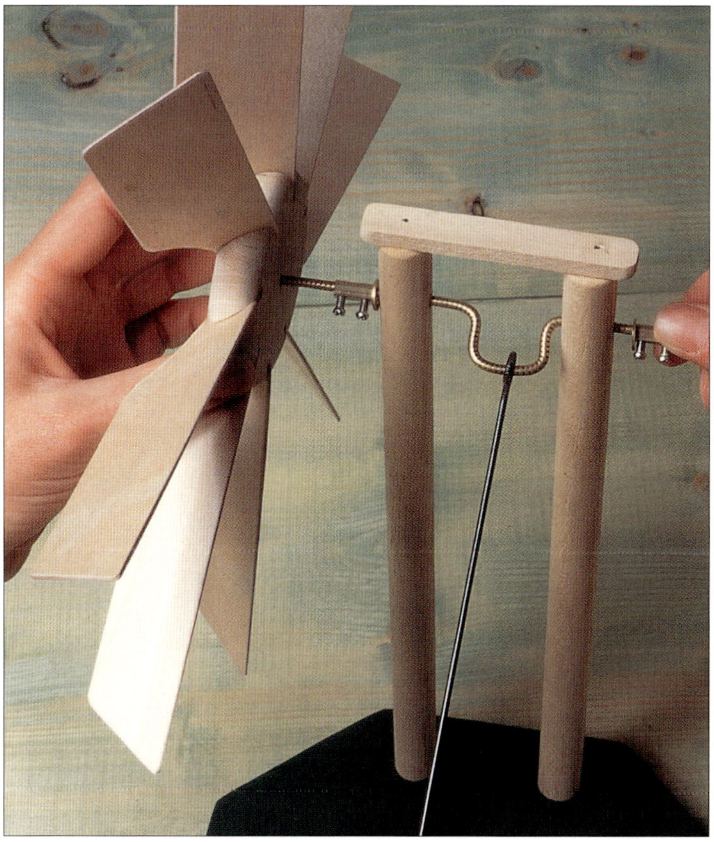

15 Das kleine Sperrholzstück über den beiden Pfostenenden festleimen und mit zwei Tapezierstiften fixieren. Auf die beiden Enden der Antriebswelle jeweils eine Unterlegscheibe stecken und mit den Manschetten lose positionieren. Das Windrad auf die Welle schieben und festleimen. Die Pfosten justieren, bis sich das Windrad gut dreht, und anschließend in der Sockelplatte festleimen. Die Enden der Antriebswelle abtrennen und sämtliche Teile des Spielzeugs zweimal mit Klarlack streichen.

Papierflugzeuge

AUS PAPIER

LEICHT

WAS SIE BRAUCHEN

Papierbögen, DIN A4
Schere

Hier zeigen wir Ihnen drei Versionen aus dem riesigen Geschwader von Papierflugzeugen, die im Laufe der Jahre erfunden wurden. Als Faustregel gilt: Je präziser man sie faltet, desto besser fliegen sie. Sie können die Flieger aus Buntpapier oder aus bemaltem Schreibpapier anfertigen.

DER KLASSISCHE PAPIERFLIEGER

Er war vermutlich der allererste Papierflieger, den es gab – sozusagen die Urform, von der sich alle übrigen Ausführungen ableiten. An schlichter Eleganz und Flugtauglichkeit ist er unübertroffen.

1 Den Bogen längs zur Hälfte übereinander legen, falzen und wieder auffalten. Die beiden vorderen Ecken anheben und zur Mitte falten.

2 Die soeben gefalteten Ecken erneut zur Mitte falten. Der untere Teil muß möglichst spitz zulaufen.

3 Längs zur Hälfte zusammenlegen und den allerersten Längsfalz mit dem Fingernagel scharf kniffen.

4 Eine Außenkante so nach unten falten, daß sie genau auf dem scharfen Längsfalz liegt. Dann den Flieger umdrehen und die andere Außenkante auf die gleiche Weise falten.

5 Die Flügel zu etwa 90 Grad öffnen. Von der spitzen Nase ein winziges Stück abschneiden, damit niemand verletzt werden kann. Am weitesten fliegt der Flieger, wenn er mit viel Schwung leicht aufwärts geworfen wird. Die Flugfähigkeit läßt sich durch Verstellen des Flügelwinkels verbessern. Gut geworfen ist eine Flugweite von 10 bis 15 m erreichbar.

FLIEGER IN PFEILFORM

Die Flugeigenschaften dieses Papierfliegers lassen sich beeinflussen, indem man zum Beispiel die Flügeltaschen leicht erweitert und somit den Angriffswinkel für die Luft verändert. Dadurch erreicht er mehr Auftrieb.

1 Eine Ecke diagonal nach oben falten und scharf kniffen. Den oberen rechteckigen Abschnitt sorgfältig abschneiden und längs falzen. Das wird später das Heckteil.

2 Das Dreieck zur Hälfte falten, so daß ein kleineres Dreieck entsteht. Dieses wieder auffalten. Dann die beiden offenen Ecken jeweils zurück zur Mittellinie falten.

3 Den Heckstreifen unter die obere dreieckige Falte schieben. Die vorderen Ecken zur Mitte zurückfalten, daß sie auf die Spitze der dreieckigen Falte treffen.

4 Den Flieger längs zur Hälfte falten, wobei die oberen Abschnitte aneinander liegen. Die beiden Flügel rechts und links so nach unten falten, daß der Heckstreifen jeweils längs halbiert wird. Die Flügel 90 Grad weit öffnen.

5 Aus Sicherheitsgründen vorne an der Spitze ein winziges Stück abschneiden. Den Flieger aus dem Arm heraus kräftig werfen.

DER HUBSCHRAUBER

Die einfachste Variante von allen Papierflugzeugen – buchstäblich im Handumdrehen flugbereit!

1 Einen Papierstreifen in der Mitte längs knapp zur Hälfte einschneiden. Die beiden so entstandenen schmalen Streifen jeweils nach außen umfalten.

2 Zur Stabilisierung das untere Ende zweimal schmal umfalten. Trudelbewegung und Fallgeschwindigkeit hängen vom Winkel der beiden Propellerstreifen ab. Von einer möglichst hochgelegenen Stelle aus fallen lassen.

FALLSCHIRMSPRINGER

AUS STOFF UND FARBIGER MODELLIERMASSE

LEICHT

Mit diesem Spielzeug, in wenigen Minuten angefertigt, können sich Kinder stundenlang vergnügen. Es wird einfach in die Luft geworfen und der kleine Mann segelt an seinem Ballon herab, bis er sicher auf dem Boden landet. Nicht nur Kindern macht es Spaß, dabei zuzusehen!

WAS SIE BRAUCHEN

- **Seidenfutter, 40 cm Seitenlänge**
- **Dünne Nylonkordel oder -schnur, 3 m**
- **Modelliermasse**
- **Weißleim**
- **Abdeckband**
- **Bleistift**
- **Posterpin**
- **Schere**
- **Ahle**

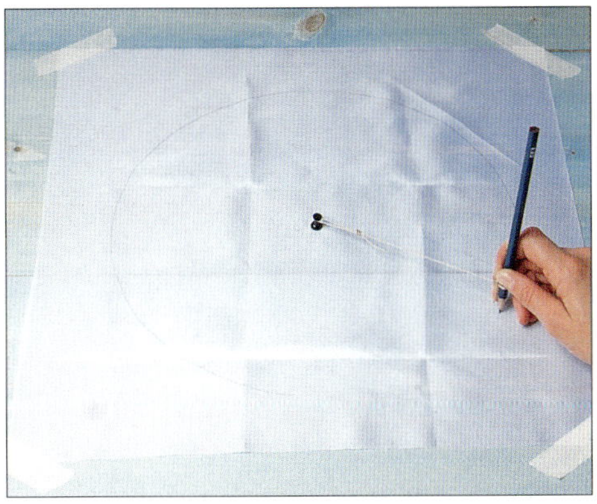

1 Das Stoffquadrat auf einer Holzplatte flach ausbreiten und mit Abdeckband fixieren. Von der Nylonschnur 20 cm abschneiden. Das eine Ende an einem Bleistift festknoten, das andere an einem Posterpin, der in die Mitte des Stoffstückes gesteckt wird. Das Fadenteil zwischen Pin und Bleistift muß etwa 17,5 cm lang sein. Den Bleistift genau senkrecht halten und mit stets leicht gestrafftem Faden auf dem Seidenstoff einen Kreis ziehen.

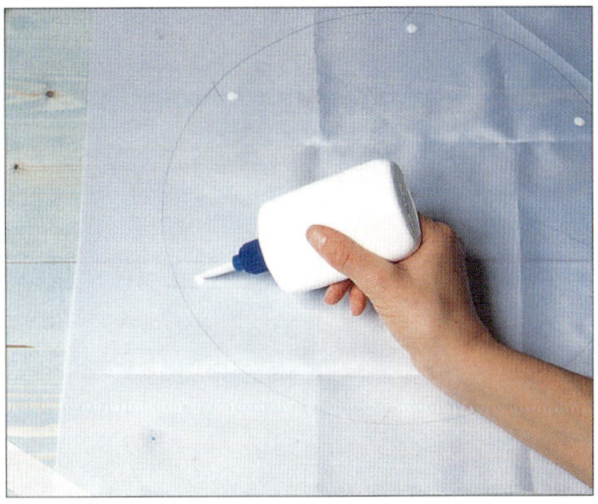

2 Den Kreis in sechs gleich große Abschnitte unterteilen. Hierzu den Pin und die Bleistiftspitze bei gestraffter Nylonschnur auf die Kreislinie setzen. Den Bleistiftpunkt markieren, dann den Pin auf diese Stelle stecken und mit dem Bleistift weiterwandern. Fortfahren, bis der Anfangspunkt erreicht ist. Etwa 10 mm von jeder Markierung entfernt im Kreisinneren einen Tropfen Weißleim auftupfen und trocknen lassen.

3 Nun den Kreis mit der Schere ausschneiden und die acht Klebstoffpunkte mit der Ahle vorsichtig durchstoßen. In die Kreismitte ein kleines rundes Loch schneiden. Dadurch kann später Luft durch die Fallschirmkuppel nach oben entweichen, so daß der Fallschirmspringer sanft abwärts segeln kann.

4 Von der Nylonschnur sechs 40 cm lange Stücke abschneiden und jeweils ein Ende an den Fallschirmlöchern festknoten. Die anderen losen Enden zur Mitte hin straffen und dann alle zusammenknoten.

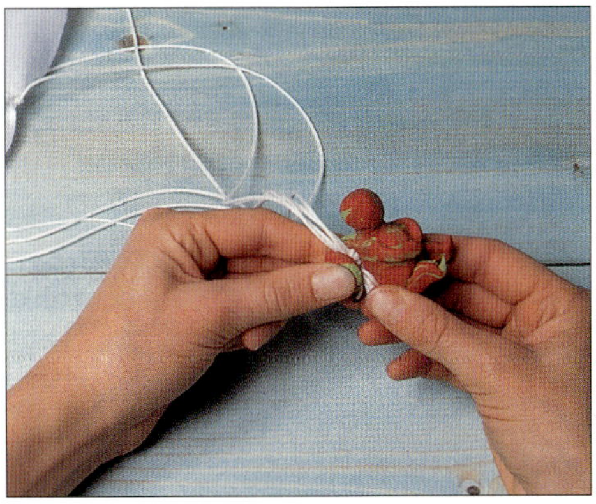

5 Eine kleine Kugel Modelliermasse zwischen den Handflächen rollen. Zu einer kleinen Figur formen und den Knoten mit den Nylonschnüren in den Rücken hineindrücken.

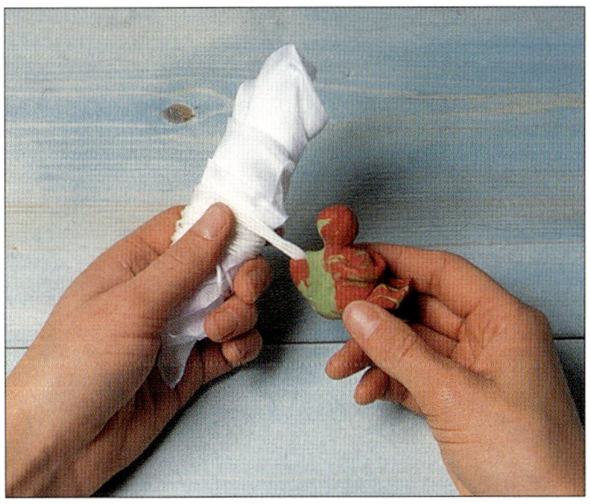

6 Den Fallschirm zusammenrollen und die Schnüre herumwickeln. Und nun werfen Sie das ganze Päckchen hoch in die Luft – der Fallschirm entrollt sich, und der Fallschirmspringer landet nach einem Schwebeflug wieder unversehrt auf der Erde.

Der emsige Specht

AUS KUNSTSTOFFMODELLIERMASSE

MITTELSCHWER

Es ist immer wieder faszinierend zuzuschauen, wie dieser Buntspecht emsig pickend an seiner Stange herabwandert. Das Spielzeug ist mit erstaunlich wenigen Materialien und Werkzeugen ganz einfach herzustellen. Am schönsten wirkt der Specht, wenn er knallbunt ist.

WAS SIE BRAUCHEN

- Kleine Spiralfeder
- Kunststoffmodelliermasse in verschiedenen Farben (z. B. FIMO)
- 1 Spanplatte, 19 mm, Seitenlänge 12 cm (Sockel)
- 2 Holzkugeln von je 16 mm Durchmesser
- 1 Holzkugel von 25 mm Durchmesser
- Schweißstab, 40 cm lang
- Bohrgerät
- Bohrer: entsprechend Spiralfederdurchmesser und Schweißstab
- Schutzbrille und Atemschutz

1 Ein Stückchen grüne Modelliermasse zwischen den Handflächen zu einer länglichen Körperform rollen.

2 Befestigen Sie daran einen kugeligen Kopf von derselben Farbe. Aus der gelben Modelliermasse formen Sie dann das Bruststück, setzen es vorne auf den Körper und formen es flächig ein. Die Spiralfeder mitten in die Brust und in den Körper drücken, dann die Modelliermasse an dieser Stelle gut zusammendrücken, damit die Feder fest sitzt.

3 Weitere Körpermerkmale aus andersfarbiger Modelliermasse in den Körper einarbeiten. Anschließend wird der Vogel nach Herstelleranweisung im Ofen gebacken.

4 Setzen Sie die Schutzbrille und den Atemschutz auf. Genau in der Mitte der Sockelplatte mit dem Bohrer (Schweißstab-Durchmesser) ein Loch bohren. Mit Hilfe einer Kugelzwinge (siehe Seite 11) eine der kleinen Holzkugeln durchbohren, die andere nur zur Hälfte. Mit demselben Bohrer wird die größere Holzkugel durchbohrt. Den laufenden Bohrer mehrmals durchziehen, bis der Schweißstab knapp hindurchpaßt. Nun die Holzkugel im rechten Winkel zum Stab mit dem größeren Bohrer vorsichtig bis fast zur Mitte anbohren.

5 Nachdem der Specht abgekühlt ist, schrauben Sie die Spiralfeder in das Kugelloch hinein. Die kleinere, nur angebohrte Holzkugel wird am oberen Stabende festgeleimt. Die zweite, durchgebohrte Kugel schieben sie unterhalb des Vogels auf den Stab; sie fungiert als Stopper. Zum Schluß stecken Sie den Stab in die Boh rung in der Sockelplatte und leimen ihn fest. Und nun ist es soweit: Stupsen Sie den Specht am Schwanz an, und freuen Sie sich daran, wie er fleißig pickend die Stange herabwandert. Wenn der Vogel etwas zu groß geraten ist, kann es manchmal zu einer Doppelschwingung kommen und er bleibt stehen. Bringen Sie dann einfach den vibrierenden Stab wieder zum Stillstand – und weiter geht's!

TRINKENDE KÄTZCHEN

AUS EPOXID-MODELLIERMASSE

ANSPRUCHSVOLLER

»Mami, ich möchte sooo gern ein Kätzchen haben!« – wenn Ihnen diese inständige Bitte bekannt vorkommt, dann ist dieses Spielzeug vielleicht die Lösung für Sie. Von diesen drei possierlichen Miezen, die eifrig ihre Milch schlürfen, dürfte jedes Kind hell begeistert sein

WAS SIE BRAUCHEN

- **Zwei Päckchen Epoxid-Modelliermasse (z. B. »Milliputt«)**
- **1 Span- oder Sperrholzplatte, 6 mm, Seitenlänge 18 cm**
- **1 Flachleiste, 12 × 6 mm, 14 cm lang (Griff)**
- **Kupferdraht, 6 cm**
- **2 Tapezierstifte**
- **Festen Bindfaden**
- **Weiße Dispersionsfarbe**
- **Wasserlösliche Farben**
- **Klarlack auf Wasserbasis**
- **Klebstoff**
- **Schutzhandschuhe**
- **Schutzbrille und Atemschutz**
- **Stichsäge**
- **Bohrgerät**
- **Bohrer: 6 mm sowie etwas dicker als der Kupferdraht**
- **Modellierwerkzeug**
- **Künstlerpinsel**

1 Die Schutzhandschuhe anziehen und die Modelliermasse nach Herstelleranweisung gebrauchsfertig machen. Jeweils nur ein Päckchen öffnen, weil die einmal zubereitete Masse rasch hart wird. Rollen Sie die Masse zu einer Wurst und teilen Sie diese in zwei gleiche Teile (= zwei Katzen). Die gesamten Arbeitsgänge anschließend für die beiden anderen Katzen wiederholen.

2 Eine Kugel Modelliermasse in zwei Teile teilen, wobei ein Drittel für den Kopf und zwei Drittel für den Körper gedacht ist. Das größere Stück zu einer Wurst rollen und bogenförmig zurechtformen. In der Mitte zwischen Daumen und Zeigefinger zusammendrücken. Dieses Stück ist der Körper, wobei der zusammengedrückte Teil zur Trennung der Vorder- und Hinterpfoten dient.

3 An einem Ende einen dünnen Schwanz herausarbeiten, das andere Ende mit dem Daumen flach drücken.

4 Mit dem Modellierwerkzeug oder dem Ende eines kleinen Pinsels dieses Körperende aushöhlen, so daß später der Hals dort hineinpaßt. Diese Höhlung oben und unten etwas erweitern, um die Nickbewegung zu ermöglichen.

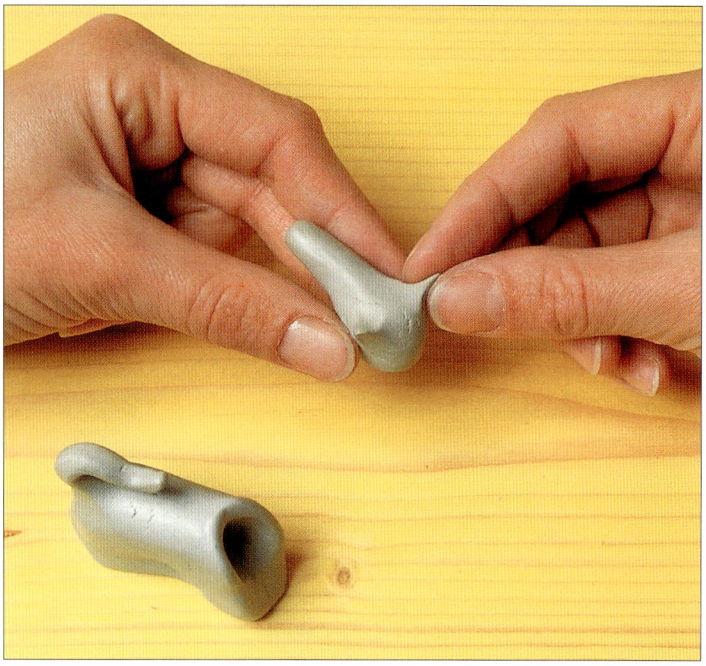

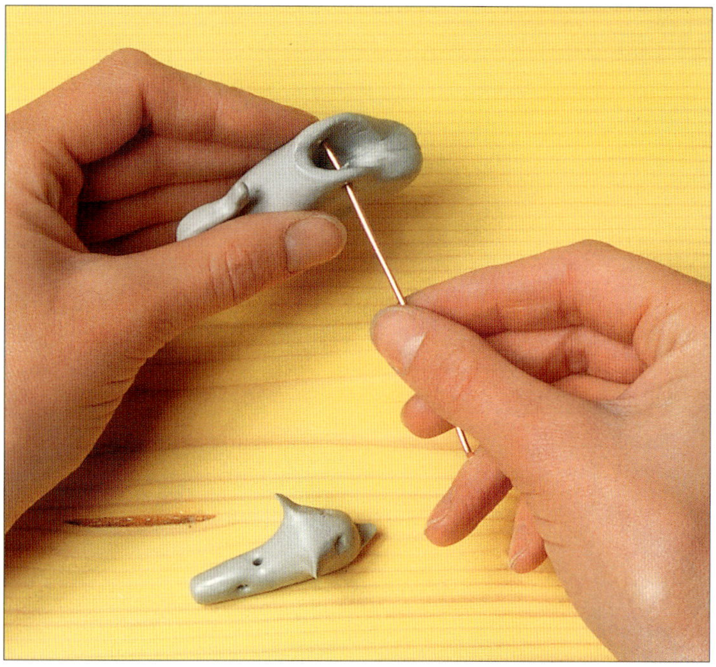

5 Aus dem übriggebliebenen Drittel der Modelliermasse eine Kugel rollen. An einer Seite zu einem länglichen Hals ausformen. Dabei auf die richtige Proportion zum vorhin angefertigten Körper achten. Zwei Ohren und eine Zunge herausformen. Fehlerhafte Stellen mit den Fingerspitzen und etwas Wasser korrigieren. Dann aus einer kleinen Menge Modelliermasse einen kleinen, flachen Teller formen, aus dem alle drei Kätzchen trinken können. Hierzu den Daumen in eine kleine Kugel Modelliermasse drücken und ringsum einen Rand hochziehen. Als Pendelgewicht, das später unterhalb der Scheibe hängt, können Sie ein viertes Kätzchen oder einfach nur eine Kugel formen. Mit dem Modellierwerkzeug Details herausarbeiten.

6 Bevor die Masse hart wird, müssen mit einem Stück Draht fünf Löcher gestochen werden: Für das erste wird der Draht gleich hinter den Ohren senkrecht durch den Nacken gestoßen, bis er vorne an der Kehle herauskommt. Für das zweite Loch führen Sie den Draht im rechten Winkel zum Nackenloch und gleich hinter diesem quer durch den Hals hindurch – dies ist der Drehpunkt. Nun nehmen Sie das Körperstück und bohren ein Loch quer durch die Schulterpartie. Darauf achten, daß der Halsabschnitt genügend Platz hat, um sich frei zu bewegen. Als nächstes wird der Draht von der Unterseite nach oben in die Halshöhlung geführt. Das letzte Loch wird von oben durch das Pendelgewicht hindurchgestochen und muß weit genug sein, daß drei Bindfäden hindurchpassen. Die Figuren nun drei Stunden aushärten lassen.

7 Den Unterteil jeder Katze sorgfältig glätten, damit die Figuren später flach aufliegen. Anschließend streichen Sie alle modellierten Einzelteile einmal mit weißer Dispersionsfarbe.

8 Schutzbrille und Atemschutz aufsetzen. Mit der Stichsäge aus der Holzplatte eine Scheibe von etwa 16 cm Durchmesser ausschneiden. Teller und Katzen positionieren und Körperumrisse nachzeichnen. An den Punkten, an denen jeweils die Löcher in den Unterseiten der Katzenkörper liegen, wird die Holzscheibe mit dem 6 mm-Bohrer durchbohrt. Den Haltegriff mit Leim und Tapezierstiften an der Unterseite der Rundplatte befestigen.

9 Jedes Kätzchen in einer anderen Farbe bemalen und mittels unterschiedlicher Fellmuster und Streifen individuell gestalten. Auch Gesichter und Nacken bemalen. Zum Schluß die roten Zungen malen.

10 Die Holzscheibe mit einer Schicht weißer Dispersionsfarbe grundieren, dabei die Sitzplätze der Kätzchen aussparen. Gut trocknen lassen. Anschließend mit zwei verschiedenen Rottönen einen Fliesenboden andeuten, wobei jedes Fliesenkaro dunkel umrandet erscheint. Gut trocknen lassen und lackieren.

11 Den Bindfaden durch das Loch in der Unterseite einer Katze in die Halshöhle führen, dann von oben durch das Nackenloch im Halsteil nach unten und an der Kehle wieder heraus, wo das Schnurende verknotet wird. Eventuell müssen die Löcher mit einem entsprechenden Bohrer vorsichtig erweitert werden.

12 Stecken Sie den Kopf mit dem Hals voran in die Aushöhlung am Körper und fixieren Sie ihn darin, indem Sie quer durch die Seitenlöcher ein Stückchen Kupferdraht führen. Die Drahtenden mit kleinen Bällchen aus Modelliermasse verdecken. Diese können nach dem Hartwerden und vor dem Lackauftrag noch glattgeschliffen werden. Die drei unten an den Figuren herauskommenden Bindfäden durch die Löcher in der Rundplatte führen. Kätzchen und Teller auf der Platte festkleben. Aufpassen, daß kein Leim in die Löcher oder auf die Bindfäden gerät!

13 Die Bindfäden unter der Scheibe zusammenfassen, durch das Loch im Pendel hindurchführen und unten alle zusammenknoten. Wenn Sie nun die Scheibe an dem Griff festhalten und ihre Hand kreisförmig bewegen, beginnen die drei Kätzchen aus dem Milchnapf zu schlecken!

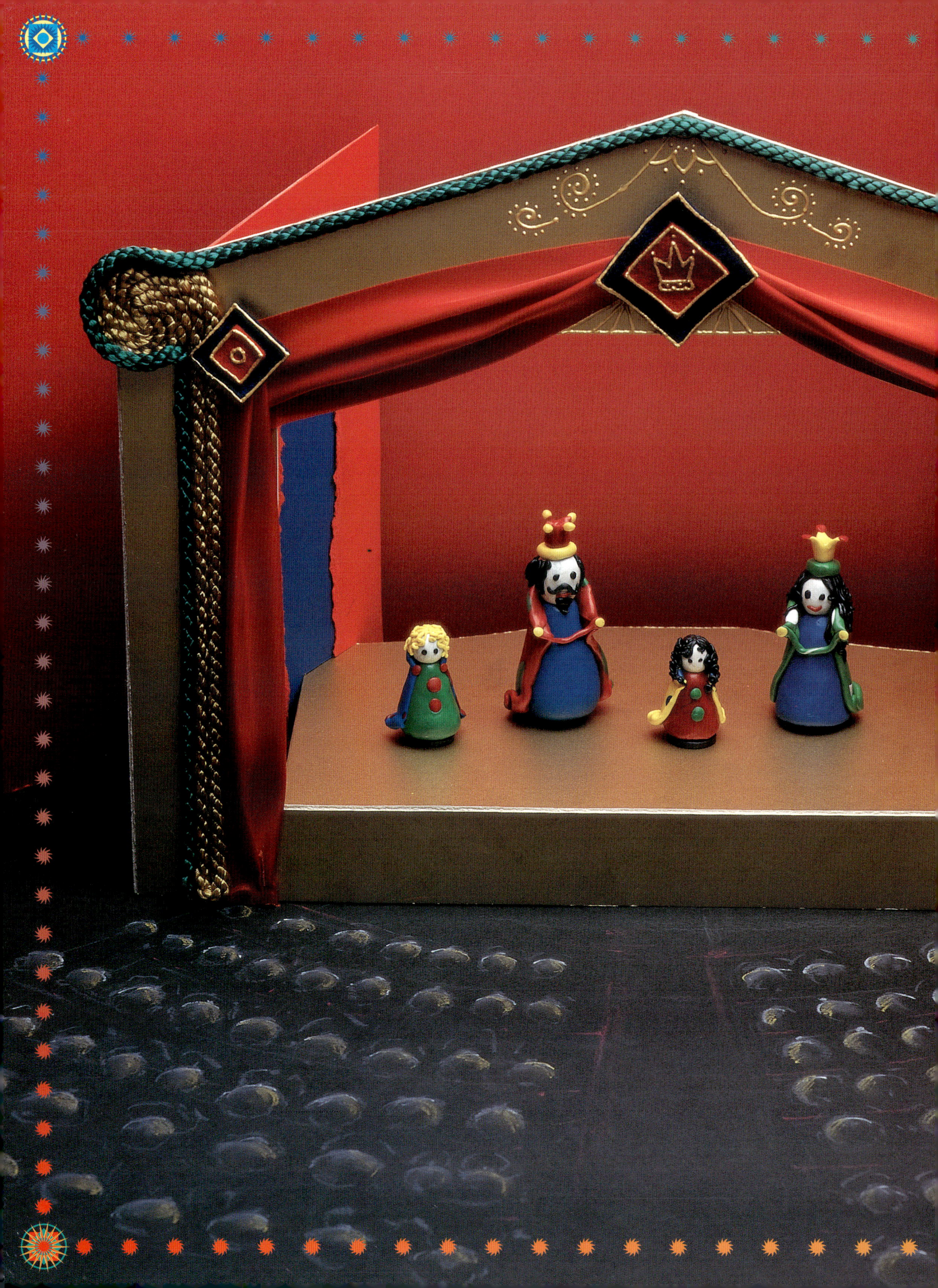

Magnetisches Theater

Aus Karton und Modelliermasse

Mittelschwer

Kreieren Sie Ihre ganz private Theaterbühne mit Schauspielern, die sich wie von Zauberhand magnetisch bewegen lassen! Vielleicht gefällt Ihnen ja unsere königliche Familie – Sie können aber natürlich auch andere Märchenfiguren nachmodellieren.

Was Sie brauchen

- 1 Bogen Passepartout-Farbkarton, DIN A2
- Dicke, farbige Kordeln
- Breites Geschenkband
- Farbige Filzreste
- Flachholzstäbe, 20 cm lang
- Konturenstift in Gold
- Doppelseitiges Klebeband
- Splinte
- Kunststoffmodelliermasse (z. B. FIMO)
- Kleine, runde Magnete
- 1 dicken Dübelstab, 20 cm lang
- Modellierwerkzeuge
- Cutter, scharf
- Schere
- Stahllineal
- Schneidematte

1 Anhand der Maßangaben in der Vorlage auf S. 125 die Umrisse des Theaterzeltes leicht auf dem Farbkarton vorzeichnen. Achten Sie besonders darauf, welche Linien Schnittlinien darstellen und welche nur gefalzt werden. Mittels Lineal und Cutter den Abschnitt oberhalb des Theaters wegschneiden und dann vorsichtig die punktierte Linie unten vorne an der Bühne entlang ritzen. Im rechten Winkel dazu rechts und links nach oben hinauf und dann die geschwungenen Abschnitte und das kurze, gerade Mittelstück schneiden. Danach wird diese nun an drei Seiten ausgeschnittene Bühne entlang des Falzes nach innen umgeklappt. Anschließend breiten Sie das Theater wieder flach aus und fahren mit der Cutterspitze rechts und links behutsam die punktierten Linien der Säulen entlang. Die beiden kleinen Schlitze in den Seitenwänden einschneiden, die dem Bühnenboden Halt geben. Knicken Sie nun die beiden Seitenteile vorsichtig nach hinten und stecken Sie das Theater zusammen.

2 Drapieren Sie das breite Band dekorativ wie einen Theatervorhang über der Bühne. Die gerafften Falten werden mit Splinten fixiert. Diese werden durch Band und Karton hindurchgesteckt und die Enden auf der Rückseite auseinandergebogen. Das Band selbst wird mit kleinen Stückchen aus doppelseitigem Klebeband befestigt.

3 Ein Stück Goldkordel in zwei Hälften legen und außen entlang des Bandes auflegen. Aus den offenen Enden eine Schnecke formen, damit der Eindruck eines Säulenkapitells entsteht. Kleine Stückchen aus doppelseitigem Klebeband zuschneiden und die Kordel damit befestigen.

4 Die Bühne ringsum mit einer grünen Kordel umranden. Die Übergangsstellen an den Vorhangfalten mit kleinen Filzquadraten kaschieren. Alles mit kleinen Stückchen aus doppelseitigem Klebeband fixieren.

5 Mit dem goldenen Konturenstift die Bühne und die Filzquadrate verzieren. Wer möchte, kann zu seiner Aufführung passende Requisiten basteln und diese mit doppelseitigem Klebeband auf der Bühne befestigen.

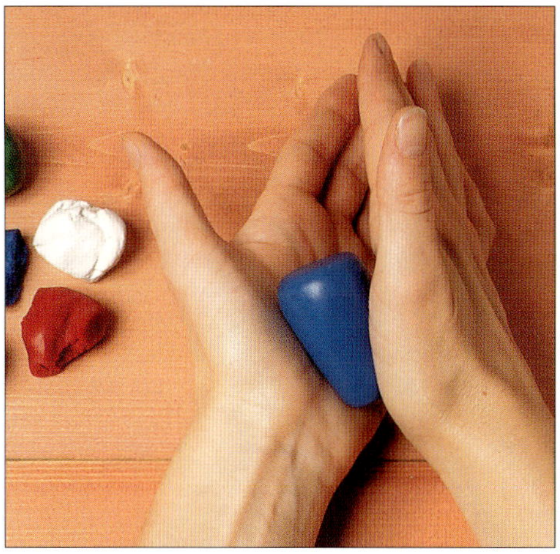

6 Die Theaterbühne ist fertig, nun sind die Schauspieler an der Reihe. Formen Sie etwas Modelliermasse zwischen den Handflächen zu einem Kegel (Körper). Ein weiteres, andersfarbiges Stück wird zu einer kleinen Kugel gerollt (Kopf).

7 Wählen Sie nun Modelliermasse in Komplementärfarben aus. Das erste Stück rollen Sie mit dem Dübelstab flach aus, dann legen Sie kleine Kügelchen von dem anderen darauf und rollen diese in das größere Stück ein. Aus diesem flach gewalzten Stück Modelliermasse schneiden Sie dann ein Stück heraus, das sich zu einem kleinen Umhang formen läßt.

8 Legen Sie diesen Umhang um den Körper und fügen Sie mit Hilfe des Modellierwerkzeuges kleine Röllchen aus unterschiedlich gefärbter Modelliermasse hinzu, um Details wie Kopf und Gesicht anzudeuten.

9 Fertigen Sie alle übrigen Figuren an und härten Sie diese dann im Ofen. Beachten Sie dabei bitte die Herstelleranweisungen! Nach dem Abkühlen befestigen Sie auf der Standfläche jeder Figur mit doppelseitigem Klebeband jeweils ein kleines, rundes Magnetstück. Auf diese Weise werden auch die Magnete an den Flachholzstäben befestigt, jeweils an einem Ende. Diese Stäbe werden »unsichtbar« unter dem Bühnenboden hin- und hergeführt, wodurch die Figuren auf der Bühne bewegt werden.

Hüpfendes Schweinchen

AUS SPERRHOLZ

MITTELSCHWER

Zu einer Zeit, als noch keine Supermärkte existierten, gab es in jeder Stadt mehrere Metzgerläden. Einer davon war meistens auf Schweinefleisch spezialisiert, und sein Markenzeichen war ein Schweinchen in einer gestreiften Schürze mit Strohhut. Unsere Nachbildung von dieser liebenswerten Figur kann mittels einer Wäscheklammer mit Metallfeder hüpfen und ihren Hut ziehen!

WAS SIE BRAUCHEN

- **Dünnen Karton und Pauspapier**
- **Holzwäscheklammer mit Metallfeder**
- **1 Sperrholzplatte, 3 mm, Seitenlänge 15 cm**
- **1 Stück Draht, 12 cm lang (z. B. Drahtbügel)**
- **4 Tapezierstifte**
- **Klebstoff**
- **Kleine Mutter**
- **Pastellkreiden und Fixativ-Spray**
- **Weichen Bleistift**
- **Laubsäge**
- **Schlosserhammer**
- **Sandpapier**
- **Zange**
- **Bohrgerät**
- **Bohrer: 6 mm, einen entsprechend dem Draht sowie einen ganz feinen**

1 Fertigen Sie anhand der Pausvorlagen auf S. 125 Schablonen an. Übertragen Sie die Umrisse der beiden Formteile auf die quadratische Sperrholzplatte. Dabei die rechtwinklige Grenzlinie zwischen den Füßen und dem Sockel nicht vergessen! Es brauchen auf den Schablonen jedoch keine Bohrlöcher markiert werden, da es bei diesem Spielzeug nicht auf deren exakte Positionierung ankommt.

2 Schneiden Sie mit der Laubsäge zuerst die große Form aus und trennen Sie erst danach Körper und Sockel entlang der markierten Linie. Auch die zweite Form Arm mit Hut – aussägen. Die Kanten der Sperrholzteile vorsichtig mit Sandpapier glätten.

3 Fahren Sie dann mit der Wäscheklammer auf dem Sandpapier mehrmals hin und her, um eine möglichst große Fläche zum Auftragen des Klebstoffes und zum Feststecken des Schweinchens zu erhalten.

4 Mit dem Bleistift auf dem Körper grob die Details skizzieren. Sollte Ihnen dabei ein Fehler unterlaufen – macht nichts: Einfach wegschmirgeln oder -radieren und neu beginnen.

5 Wir haben Pastellkreiden verwendet, weil sie dem Schwein eine reizvolle, altmodisch-verblichene Note geben. Sie können aber auch ohne weiteres Pinsel und Plaka-Farben oder Buntstifte verwenden. Bleiben Sie aber bei möglichst simplen Farben und halten Sie die Bemalung unkompliziert, sonst kann leicht etwas verschmieren. Da sich Pastellfarben leicht abwischen, müssen sie mit einem Fixativ-Spray versiegelt werden. Als Alternative können Sie dazu auch Haarspray verwenden. Dieses muß mehrmals aufgesprüht werden, wobei jede Schicht vor dem Aufbringen der nächsten vollkommen trocken sein muß.

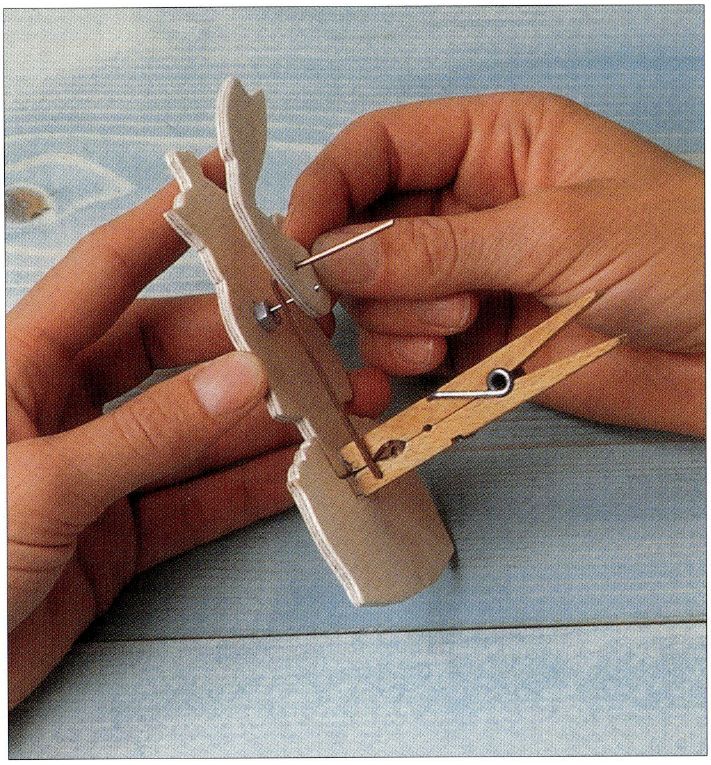

6 In das Armteil werden nun zwei Löcher gebohrt – das eine oben an der Schulter, das andere etwa 10 mm weiter unten am Arm. Die Löcher müssen groß genug sein, damit der Draht hindurchpaßt. Mit dem gleichen Bohrer durchbohren Sie dann eine Hälfte der Wäscheklammer, etwa 6 mm von der Vorderkante entfernt (siehe Abb. 7). Dann von vorne durch den Sockel ein feines Loch bohren, das bis in den angebohrten Wäscheklammerteil hineinreicht. Der Sockel wird nun, wie oben gezeigt, an der Klammer angeklebt und mit einem Tapezierstift fixiert. Die Schweinchenfigur in die Sockelaussparung stecken, an der anderen Wäscheklammerhälfte festkleben und mit zwei Tapeziernägeln fixieren.

7 Den Draht 10 mm von einem Ende entfernt umbiegen und durch das Loch in der Wäscheklammer schieben. Auf der anderen Seite wieder nach oben biegen und etwa 5,5 cm gerade nach oben verlaufen lassen. Dann im rechten Winkel parallel zur Wäscheklammer nach hinten biegen. Das Armteil durch das untere Loch auf den Draht stecken und durch Zusammendrücken der Wäscheklammer die optimale Schulterposition ermitteln. Den Körper in der betreffenden Schulterhöhe vorbohren und vorsichtig einen Tapezierstift einhämmern. Auf das Stiftende an der Rückseite der Figur erst eine Mutter als Abstandshalter und dann den Arm aufstecken. Das noch vorstehende Stiftende vorsichtig umbiegen.

8 Das Drahtende nach unten biegen und anschließend den überstehenden Teil entsprechend abknipsen.

Stabpüppchen

AUS STOFF

MITTELSCHWER

Dieses Spielzeug ist ein absoluter Favorit bei kleinen Kindern – und Sie können es so schlicht oder aufwendig gestalten, wie Sie möchten! Unser Modell besteht aus einem einzelnen Kindersocken. Wer weiß, vielleicht taucht auch der zweite wieder auf – dann können Sie Zwillinge anfertigen!

WAS SIE BRAUCHEN

- Dünnes Kartonquadrat, Seitenlänge 24 cm
- Kleine Kindersocke
- 1 Styroporkugel, 40 mm Durchmesser
- 2 Styroporkugeln, 16 mm Durchmesser
- Dübelstab, 6 mm Durchmesser, 40 cm lang
- Stoffreste
- Stoffverzierungen
- Klebstoff
- Doppelseitiges Klebeband
- Hefter
- Nadel und Faden
- Lineal
- Zirkel, Bleistift
- Schere
- Bleistiftspitzer

1 Zeichnen Sie auf das Kartonquadrat mit dem Zirkel einen Kreis von 21 cm Durchmesser. Teilen Sie diesen in zwei Hälften, indem Sie durch den Mittelpunkt eine Linie zeichnen. Schneiden Sie den Halbkreis samt einer Zugabe von 1,6 cm aus und verwenden Sie ihn als Muster für den Stoff, mit dem der Kegel später bespannt wird, wobei beim Stoff an der äußeren Rundungslinie noch 19 mm zugegeben werden.

2 Ein entsprechendes Stück Stoff mit Hilfe der Schablone zuschneiden und beiseite legen. Den überstehenden 1,6 cm-Streifen am Kartonhalbkreis mit doppelseitigem Klebeband versehen. Zu einem Kegel zusammenlegen und zusammenkleben.

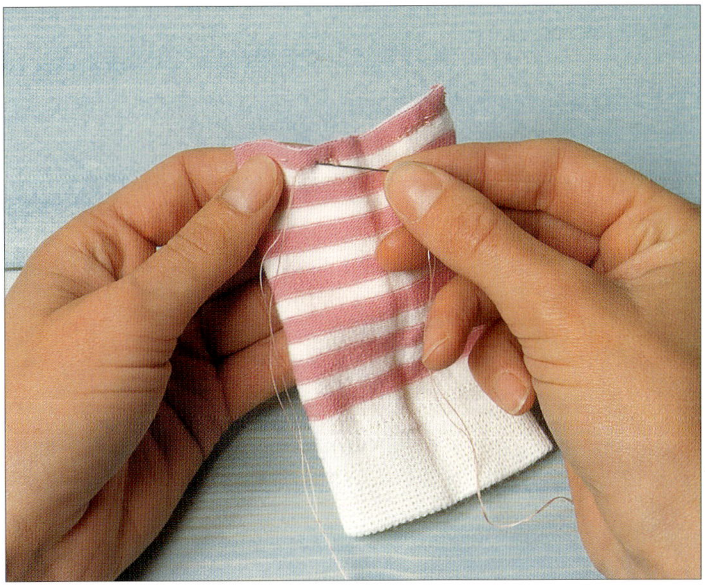

3 Den oberen Strumpfteil abschneiden und auf links stülpen. Am abgeschnittenen Ende mit dem Hefter oder ein paar Nadelstichen zusammenfügen, in der Mitte jedoch ein kleines Halsloch offen lassen.

4 Den Sockenschlauch am anderen Ende mit Heftklammern im Kartonkegel fixieren – erst über Kreuz jeweils gegenüber, dann die Sockenränder nach und nach behutsam auf gleiche Höhe schieben und ringsum weiter festheften. Dann zupfen Sie den Socken aus dem Kegel heraus.

5 Das vorhin zugeschnittene Stoffstück rechts auf rechts zur Hälfte zusammenlegen, so daß ein Dreieck entsteht, und den Saum festheften. Dann nach außen stülpen und über den Kartonkegel ziehen. Entlang der Innenkante des Kartons einen dicken Strang Klebstoff verteilen, dann die Außenkanten des Stoffkreises möglichst sauber nach innen umlegen und festkleben.

6 Ein Ende des Dübelstabes anspitzen. Den Stab mit diesem Ende voran in die Spitze des Kartonkegels stoßen und durch das Halsloch hindurchführen. Den Styroporkopf aufsetzen und festkleben. Den Sockenkörper unterhalb des Kopfes sehr sorgfältig am Stab festkleben.

7 Von dem übriggebliebenen Sockenteil Ferse und Zehen abschneiden und daraus die Wollmütze anfertigen. Durch Abnähen in Längsrichtung bei Bedarf an den Kopfumfang anpassen. Ein Ende mit Vorstichen zusammennähen und fest zusammenraffen. Das andere Ende umsäumen und am Kopf festkleben.

8 Die kleinen Styroporkugeln rechts und links an den Saumenden der Schulternaht festnähen. Mit einem weichen Bleistift ein Gesicht aufmalen. Sollte die Puppe nach dem ersten Versuch eher einer Figur aus dem Gruselkabinett ähneln, können Sie die Striche einfach wieder wegradieren und Ihr Glück erneut versuchen.

9 Zum Schluß kleben Sie am Innenrand des Kegels einige Stoffverzierungen an. So lassen sich unsaubere Stellen gut verdecken. Wenn Sie nun den Kegel in eine Hand nehmen und mit der anderen den Stab nach unten ziehen, verschwindet das Püppchen. Wenn Sie den Stab nach oben schieben, springt es aus dem Kegel heraus.

FLIEGENDES SCHWEINCHEN

AUS KARTON

LEICHT

Wenn Sie unseren einfachen Anweisungen folgen, werden Sie schon bald sehen, daß Schweine wirklich fliegen können. Es braucht natürlich nicht unbedingt ein Schwein zu sein, jedes andere Tier von etwa gleicher Größe tut es auch. Soll das Spielzeug etwas länger halten, verwenden Sie am besten Holz.

WAS SIE BRAUCHEN

- **Pauspapier**
- **Dicken, weißen Karton, 18 × 20 cm**
- **Kordel oder Schnur, 70 cm**
- **Gummischnur, 10 cm**
- **Bleistift**
- **Wasserlösliche Farbe, rosa**
- **Wasserbasierten Klarlack**
- **Konturenstifte in Grau und Gold**
- **Zwei Musterklammern (mit zwei Enden zum Umbiegen)**
- **Sandpapier, feinkörnig**
- **Schere**
- **Ahle oder Locheisen**
- **Künstlerpinsel**

1 Übertragen Sie anhand der Pausvorlagen auf S. 126 den Körper und den Flügel auf den dicken Karton. Vergessen Sie dabei nicht, mit Bleistift die Löcher zu markieren – und daß Sie den Flügel zweimal brauchen. Anschließend werden die drei Formen mit einer scharfen Schere ausgeschnitten.

2 Stechen sie mit dem Locheisen oder der Ahle Löcher durch die Bleistiftmarkierungen. Die Löcher müssen so weit sein, wie die Schnur bzw. die Kordel dick ist. Die Außenkanten jeder Form vorsichtig mit Sandpapier glätten.

3 Den Körper schweinchenrosa bemalen und trocknen lassen. Dann Körper und Flügel einmal lackieren, um dem Karton mehr Stabilität zu verleihen. Mit dem Bleistift Kopf und Ohren auf den Körper skizzieren. Die beiden Löcher in der Mitte dienen als Nasenlöcher. Wenn Sie mit dem Gesicht zufrieden sind, zeichnen Sie die Umrisse mit dem grauen Konturenstift nach.

4 Die Flügel mit dem goldenen Konturenstift verzieren und anschließend gut trocknen lassen.

5 Fädeln Sie die Kordel durch das unterste Loch an jedem der Flügel. Die Gummischnur führen Sie durch die beiden obersten Löcher. Legen Sie nun die beiden Flügel auf die Rückseite des Körpers, mit den beiden mittleren Löchern genau über den Nasenlöchern. Anhand dieser Position abschätzen, wie lang die Gummischnur sein muß, um beide Flügel in der oberen Position zu halten. Wenn Sie die optimale Position gefunden haben, binden Sie die Enden der Gummischnur zunächst lose zusammen, ziehen Sie sie dann leicht an, um sie etwas zu spannen und knoten Sie sie dann fest. Eines der Enden über den Knoten wickeln und darunter nochmals zuknoten, damit die Schnur später beim Ziehen nicht verrutschen kann.

6 Die beiden Musterklammern von vorne durch die Nasenlöcher und die Flügellöcher stecken und die beiden Enden hinten jeweils auseinanderbiegen.

7 Ein Stück Kordel zur Hälfte umlegen und das Schlaufenende durch das oberste Loch im Körper fädeln. Dann von hinten die beiden losen Enden durch diese Schlaufe führen und straff ziehen. Die Enden werden einfach verknotet. Wenn Sie nun Ihr Schweinchen aufhängen und unten sanft an der Kordel ziehen, wird es anfangen zu flattern!

Springender Hund

AUS SPANPLATTE

Für dieses Spielzeug standen uns zwei tierische Hausgenossen Pate: Pattie, unser Terrier und Jeffrey, unser Kater – der keine Gelegenheit ausläßt, Pattie zu necken. Oft liegt er irgendwo herum, hoch oben und unerreichbar, während Pattie hochspringt, um zu sehen, was es da oben wohl Interessantes gäbe. Doch das Einzige,was er erwischt, ist hin und wieder ein Pfotenhieb von seinem besten Freund Jeffrey.

WAS SIE BRAUCHEN

- Dünnen Karton und Pauspapier
- 2 Sperrholzplatten 6 mm, Seitenlänge 9 cm (Beine)
- 1 Spanplatte, 6 mm, 32 × 14 cm (Rückwand)
- 1 Spanplatte, 12 mm, Seitenlänge 14 cm (Hundekörper und Auflagebrett)
- 1 Dübelstab, 6 mm Durchmesser, 3 cm lang
- Holzkugel
- Kordel oder Schnur, 30 cm
- 2 kleine Ösenschrauben
- 6 kleine Tapezierstifte
- Doppelseitiges Klebeband
- Abdeckband
- Cutter, scharf
- Weiße Dispersionsfarbe
- Acrylfarben
- Acryllack, glänzend
- Klebstoff
- Bleistift
- Weichen Bleistift
- Lineal
- Schutzbrille und Atemschutz
- Laubsäge
- Schraubzwinge
- Schlosserhammer
- Bohrgerät
- Bohrer: entsprechend dem Dübel sowie einen feinen
- Künstlerpinsel
- Stumpfes Messer
- Lappen

1 Fertigen Sie anhand der Pausvorlagen auf S. 126–127 Schablonen für die verschiedenen Teile an. Die beiden Sperrholzquadrate mit doppelseitigem Klebeband zusammenfügen und anschließend alle Formteile auf die entsprechenden Holzplatten übertragen. Bohrlochmarkierungen nicht vergessen!

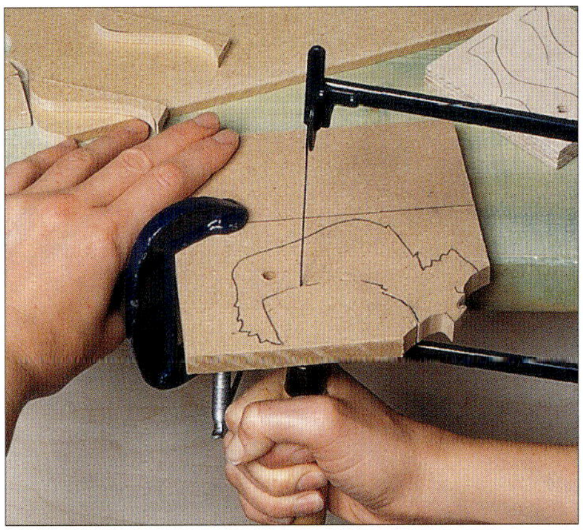

2 Schutzbrille und Atemschutz anlegen. Durch beide Hinterbeine (Sperrholz) sowie durch den Körper (Spanplatte) an den Markierungen jeweils ein 6 mm-Loch bohren. Die Werkstücke festklemmen und die Formen mit der Laubsäge ausschneiden. Die zweite Hälfte der 12 mm starken Spanplatte als Auflagebrett absägen.

3 Die beiden Sperrholzplatten mit den Beinen mit einem stumpfen Messer vorsichtig trennen. Die Vorderbeine am Körper festkleben und zusätzlich mit jeweils zwei Tapezierstiften sorgfältig befestigen. Die Beine müssen später jedesmal den Aufprall auffangen, wenn der Hund nach dem Sprung wieder am Boden landet.

4 Das Auflagebrett etwa 6 cm von der Unterkante der Rückwand entfernt aufstellen und festleimen. Zusätzlich mit zwei Tapezierstiften sichern, die von hinten eingehämmert werden. Den Leim gut trocknen lassen und anschließend alle Teile mit weißer Dispersionsfarbe grundieren.

5 Die Körpermerkmale der Katze oben auf der Rückwand mit Bleistift vorzeichnen. Die Rückwand mit Abdeckbandstreifen versehen, um den Gartenzaun anzudeuten. Die über die Katze verlaufenden Streifenabschnitte mit dem Cutter abschneiden. Die Querstreifen etwas schmaler schneiden. Mit einem Bohrer, der etwas dicker ist als die Kordel, bohren Sie dann zwei Löcher für die Wandaufhängung: eines unterhalb des Auflagebretts, das andere oben in der Mitte, knapp unterhalb der Katze. Auch die Holzkugel durchbohren.

6 Zum Aufmalen des Katzenfelles von einigen Farbtönen jeweils eine kleine Menge in einer Schale verteilen und den Pinsel jeweils in zwei oder mehr Farben eintupfen. Mit etwas Wasser fließen die Farben besser ineinander und wirken weicher. Wenn Sie mit der Katze zufrieden sind, lassen Sie die Farbe trocknen – die Details folgen später. Wenn Ihnen etwas mißlingen sollte, wischen Sie die Farbe einfach feucht ab und beginnen Sie erneut.

7 Mit zwei oder drei verschiedenen Grüntönen die gesamte Rückwand mit Blättern unterschiedlicher Form und Größe bemalen. Trocknen lassen und mit kräftigen Farben leuchtend bunte Blumenblüten dazwischenmalen.

8 Nun die Klebestreifen vorsichtig abziehen – aber erst, wenn alle Farben wirklich trocken sind. Es macht nichts, wenn hier und da etwas Farbe unter die Streifenkanten gesickert ist; Zaun und Garten werden später trotzdem realistisch wirken.

9 Mit einem angefeuchteten Lappen auf das Auflagebrett und das Unterteil einen stark verdünnten Grünton auftragen. Die Oberfläche darf ruhig etwas unregelmäßig wirken.

10 Mit dem weichen Bleistift und einem Lineal werden Katze und Zaunpfosten umrandet, und die Katze bekommt nun Augen, Näschen und Schnurrhaare. Malen Sie ein oder zwei Blüten über den weißen Zaun – so, als ob sie aus dem Garten hervorspitzen. Wenn alles fertig ist, wird das gesamte Spielzeug einmal lackiert.

11 Streichen Sie alle Teile des Hundekörpers in verschieden kräftigen Grautönen. Mit raschen Pinselstrichen in einem helleren Ton ein paar Fellhaare andeuten. Zum Schluß das Auge und das Brustfell weiß malen. Gut trocknen lassen und lackieren. In die rechte Halsseite ein kleines Loch vorbohren und eine der Ösenschrauben eindrehen.

12 Den 3 cm langen Holzdübel in dem Loch in einem der Hinterbeine festleimen, dann durch den Körper hindurchschieben und im anderen Hinterbein festleimen. Dann jedes der Hinterbeine, wie links gezeigt, ganz fein vorbohren und den Hund dort mit Tapezierstiften und Leim auf dem Auflagebrett fixieren.

13 Die zweite Ösenschraube wird in die Rückwand geschraubt – und zwar an einer Stelle, die etwas höher liegt als die Ösenschraube im Hals, wenn der Hund aufgerichtet auf den Hinterbeinen steht. In das Auflagebrett genau senkrecht unterhalb dieser zweiten Ösenschraube ein 6 mm-Loch bohren. Nun wird ein Kordelende an der Öse am Hundehals festgeknotet, durch die Öse am Zaun, durch das Loch in der Auflegeplatte und dann durch das Loch in der bunt bemalten Holzkugel hindurchgeführt und auf der anderen Kugelseite verknotet. Die Knoten mit einem Tropfen Klebstoff versiegeln.

Pausvorlagen

Die auf den folgenden Seiten abgedruckten Pausvorlagen entsprechen größenmäßig den jeweils bei den Beschreibungen gezeigten Modellen – mit Ausnahme des »Magnetischen Theaters«: Hier dient die Vorlage nur zur Orientierung; die tatsächlichen Abmessungen sind eingetragen. Für den »Tanzenden Harlekin« gibt es eine Vorlage, aus der Sie ersehen können, wie das Stützgeflecht zugeschnitten und gefaltet bzw. gerollt wird. Auf S. 15 ist beschrieben, wie Sie anhand dieser Pausvorlagen Schablonen anfertigen können.

STROBOSKOP
Seiten 28–31

Handwinde

Sichtschlitze und Bogenkanten

TRADITIONELLES KARUSSELL
Seiten 22–27

Pferd

Karusselldach

SCHWINGENDER PAPAGEI 1 und 2
Seiten 32–33 und 34–35

CLOWN und SCHMETTERLING
Seiten 46–49

Kante am Papierfalz ausrichten

SCHWIMMENDE DELPHINE
Seiten 36–41

Welle
Die auf dieser Seite abgedruckten Umrisse nachzeichnen, dann das Pauspapier nach rechts schieben, bis Ihre Bleistiftlinien an den Umriß auf S. 121 stoßen. Beim Verschieben an den gepunkteten Linien orientieren und die Vorlage auf diese Weise vervollständigen.

FALLENDER AFFE
Seiten 56–57

KLETTERAFFE
Seiten 52–55

LUSTIGER KUNSTTURNER
Seiten 64–67

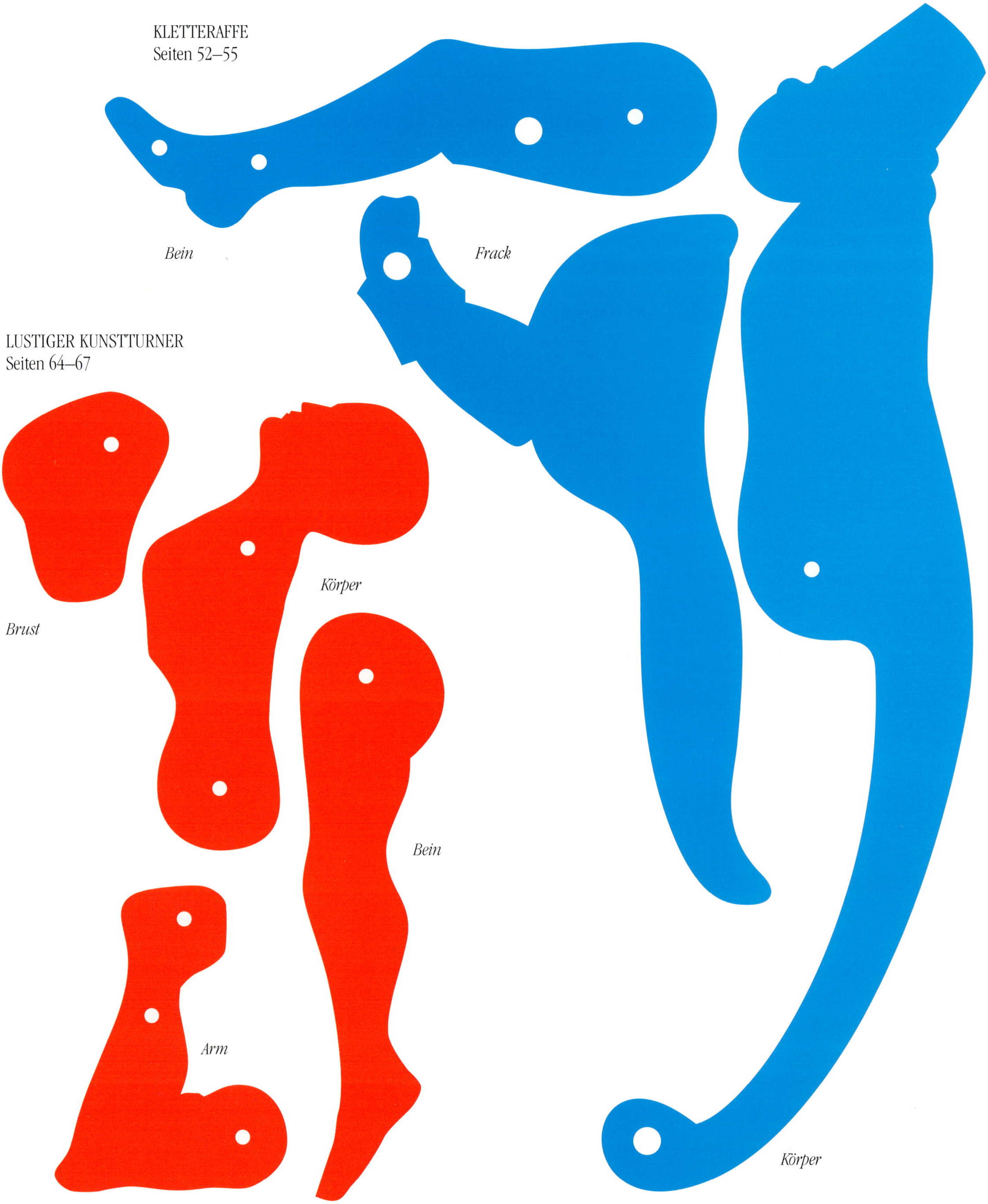

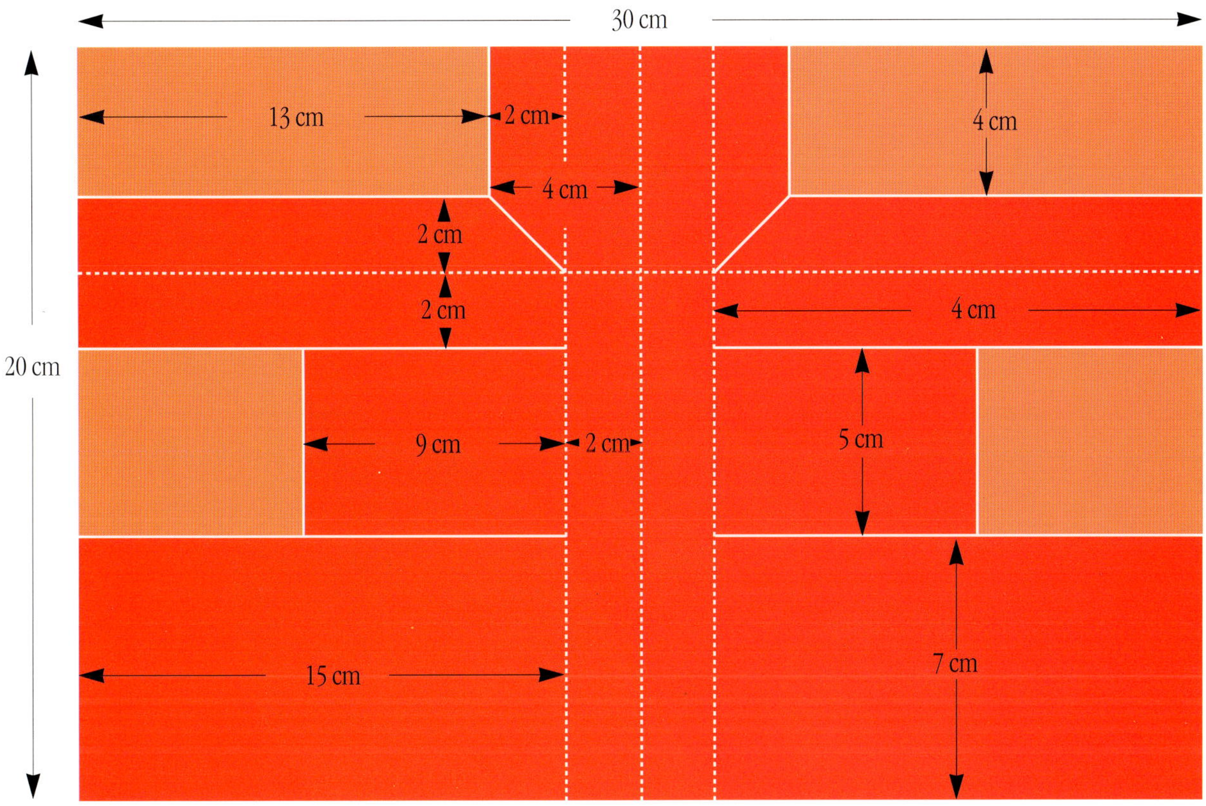

TANZENDER HARLEKIN
Seiten 74–79

Plan für das Drahtgerüst
Erläuterung zu dem oben abgebildeten Diagramm: Gepunktete Linien bedeuten, daß das Drahtgeflecht hier gefaltet wird. Durchgehende Linien bedeuten Schnittlinien. Die roten Bereiche markieren diejenigen Teile des Drahtstückes, die zum Formen des Körpers der Figur verwendet werden. Orangefarbene Bereiche werden weggeschnitten und nicht verwendet.

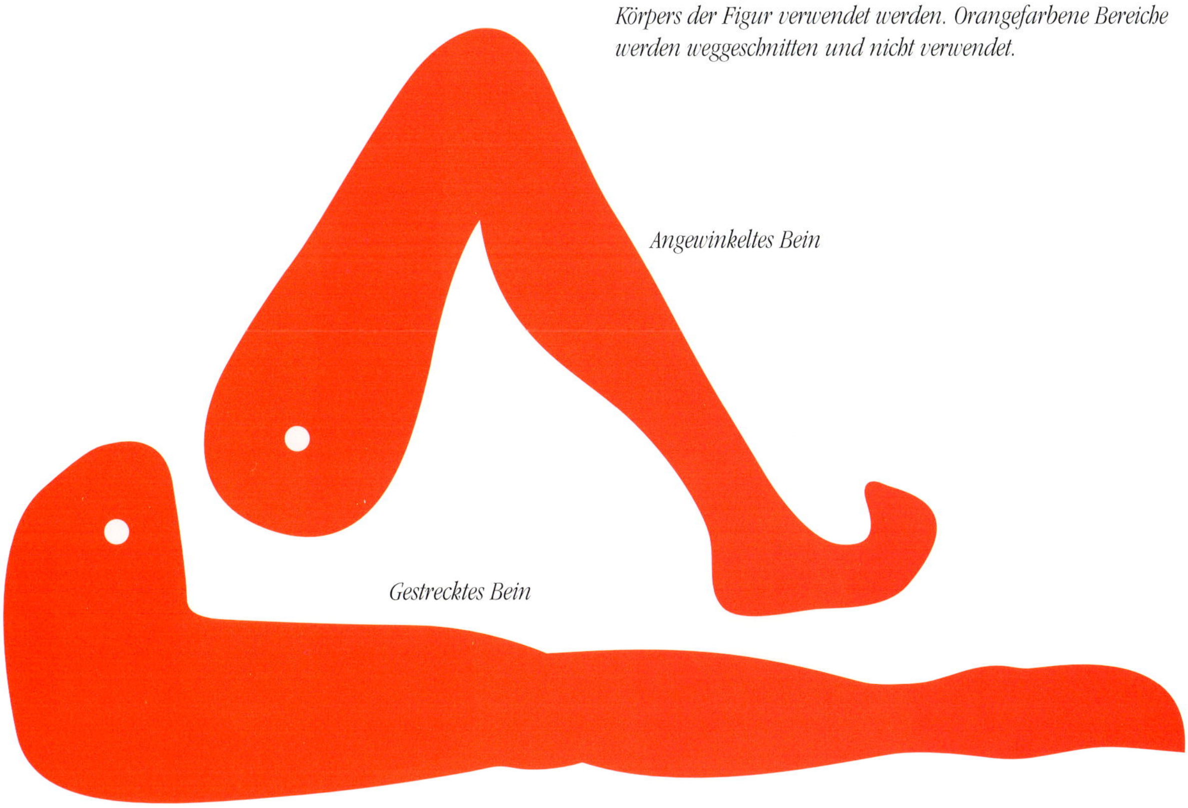

DER FLEISSIGE
HOLZFÄLLER
Seiten 82–87

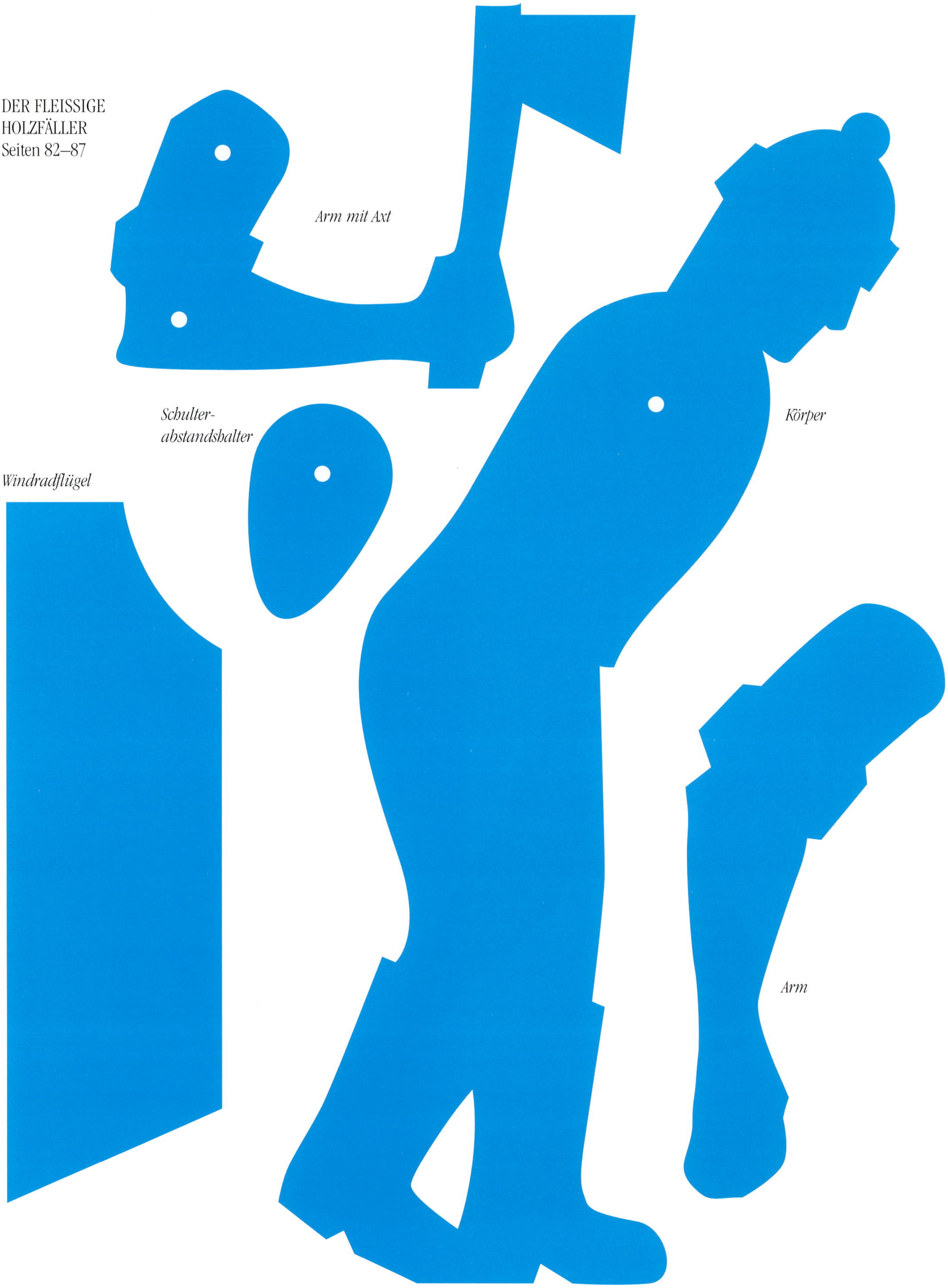

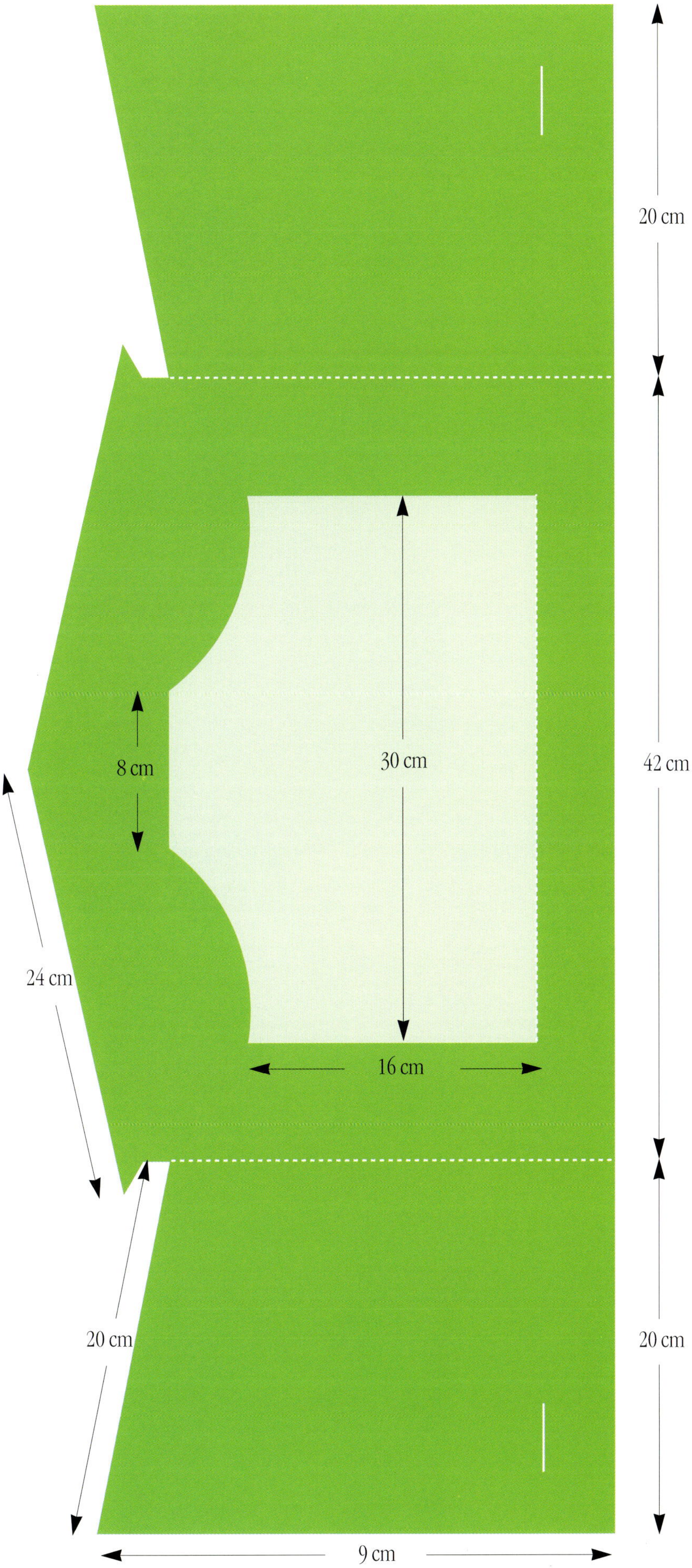

HÜPFENDES SCHWEINCHEN
Seiten 102–105

MAGNETISCHES THEATER
Seiten 98–101

In dem grünen Diagramm links bedeuten gepunktete Linien, daß hier gefalzt wird und durchgehende Linien, daß hier geschnitten wird. Die hellgrüne Fläche wird demnach an drei Seiten ausgeschnitten und an der gepunkteten Linie nach hinten gefaltet.

SPRINGENDER HUND
Seiten 114–117

Die auf dieser Seite abgedruckten Umrisse nachzeichnen, dann das Pauspapier nach rechts schieben, bis Ihre Bleistiftlinien an den Umriß auf S. 127 stoßen. Beim Verschieben an den gepunkteten Linien orientieren und die Vorlage auf diese Weise vervollständigen. Die Umrisse der drei hellblauen Hundeformen auf einen anderen Bogen Papier übertragen und davon die Schablonen anfertigen.

Rückwand

FLIEGENDES SCHWEINCHEN
Seiten 110–113

Körper

Flügel

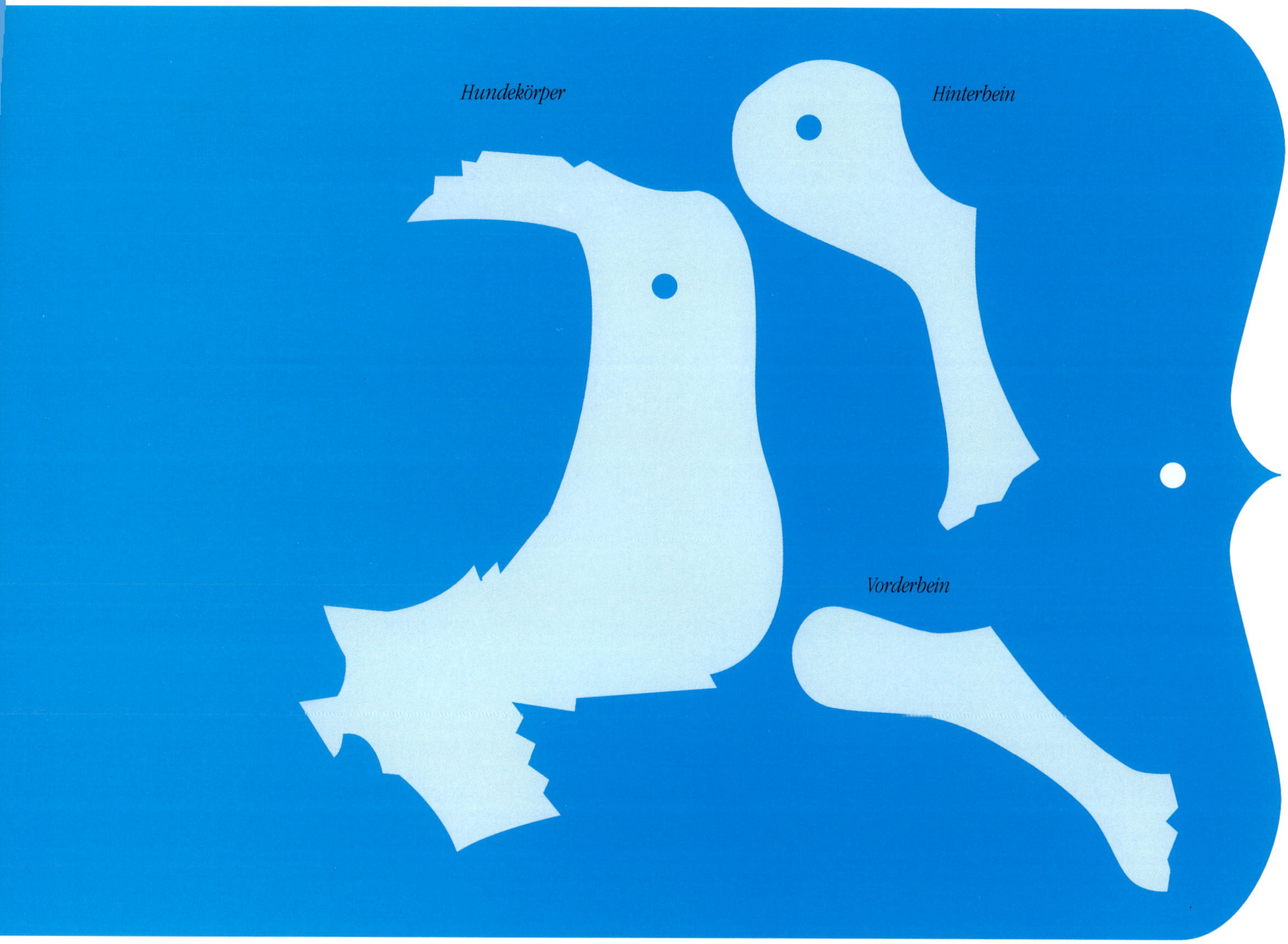

Bezugsquellen und Danksagungen

Bezugsquellen

Wir haben uns bemüht, nach Möglichkeit Werkzeuge und Materialien zu verwenden, die überall leicht erhältlich sind. Die meisten angegebenen Materialien finden Sie in Schreibwaren- bzw. Bürofachgeschäften sowie im Künstler- oder Haushaltsbedarf.

In Bau- oder Heimwerkermärkten finden Sie außerdem ein großes Sortiment von Werkzeugen und Materialien aller Art. Holz ist darüber hinaus auch im Holzfachhandel erhältlich.

Danksagung

Unsere Werkzeuge sind schon so altgedient und zerkratzt, daß wir sie für die Photos in diesem Buch nicht verwenden wollten. Wir möchten uns an dieser Stelle bei der Firma Bosch herzlich dafür bedanken, daß sie uns die Elektrogeräte, die auf den Abbildungen zu sehen sind, leihweise zur Verfügung gestellt hat.

Register